Orte und Sehenswürdigkeiten

1 Santa Cruz de la Palma

Große Teile der Inselhauptstadt, ein Juwel kanarischer Architektur, stehen seit 1990 unter Denkmalschutz. Viele Gebäude aus dem 16. Jh. sind erhalten, Kirchen, Klöster und das Rathaus beispielsweise, aber auch ganze Stadtensembles mit terrassenförmig angelegten Plätzen, steingepflasterten Gassen und winkligen Treppen. Sie machen den Charme von Santa Cruz aus.

Beliebteste Flaniermeile ist die Fußgängerzone **Calle O'Daly** mit Geschäften und Bars. Hinter der von außen relativ bescheidenen Fassade der Nummer 8 verbirgt sich die **Touristeninformation** und die **Casa Salazar**: ein kanarischer Prachtbau mit Innenhof und drei Galeriegeschossen, früher Wohnsitz einer der einflussreichsten Familien, heute Ausstellungsgebäude, leider häufig geschlossen. Beliebte Treffpunkte sind die Plazas. Die **Plaza España**, umrahmt von der Hauptkirche **San Salvador**, dem **Rathaus** (beide Gebäude aus dem 16. Jh.) und schmucken **Patrizierhäusern**, die **Placeta de Borrero** mit Brunnen und Straßencafé sowie die **Plaza Alameda** mit hohen Bäumen, einem Cafékiosk und einer Nachbildung der **Santa Maria**, des Flaggschiffs auf Kolumbus' erster Reise über den Atlantik. Das Schiff aus Beton (!) beherbergt ein **Marinemuseum** (Mo-Fr 10-14 und Mo-Do 16-19 Uhr, Juni bis Mitte September nachmittags geschlossen, Eintritt 150 Pts.). Nicht weit davon die **Plaza San Francisco.** Im gleichnamigen **Konvent** das **Inselmuseum**, Eingang im **Glockenturm**. Sehenswert wegen der archäologischen Abteilung und vor allem wegen des herrlichen Gebäudes aus dem 16. Jh., mit Innenhof und umlaufender Galerie (Öffnungszeiten: Mo-Fr 9.30-14 und 16-18 Uhr, Eintritt 300 Pts.). Einen Spaziergang lohnt auch die **Uferpromenade**. Bleiben Sie auf der Wasserseite, dort spritzt es zwar manchmal, aber Sie haben einen viel schöneren Blick auf die historischen Balkonhäuser.

Die wichtigsten Sehenswürdigkeiten auf La Palma

Caldera de Taburiente → **15**, Innenstadt von Santa Cruz → **1**, Wallfahrtskirche von Las Nieves → **2**, Vulkane San Antonio und Teneguía → **7**, Informationszentrum der Nationalparkverwaltung und Aussichtsplatz La Cumbrecita → **11**, Roque de los Muchachos/Intern. Observatorium → **14**, Los Tilos → **13**.

Parilla La Nieves
Carretera de Nieves
Chipi Chipi
700 m
N
Castillo de la Virgen
Marinemuseum Nachbildung der Santa María
Gesundheits-zentrum
Kiosko
Plaza Alameda
Konvent und Museum San Francisco
M
Plaza San Francisco
Castillo de Sta. Catalina
Marítima
nach Norden
Avenida
Avenida de Puente
Placeta de Borrero
La Placeta
Mercado
Hauptkirche San Salvador
Rathaus
Plaza España
Slogan
Marítima
nach Norden
Casa Salazar
Kirche und Kloster Santo Domingo
Calle O'Daly
Avenida
Plaza de la Constitución
alle Richtungen
Bajamar
Hafenmole
Mirador de la Concepción
Santa Cruz de la Palma

Die Insel La Palma

Hübsche Insel, "isla bonita", nennen die Canarios La Palma. Isla verde, "grüne Insel", ist ihr anderer Beiname. Die Schönheit La Palmas, das ist die Vielfalt der Landschaft, das sind die Berge, deren Gipfel sich mit dem Roque de los Muchachos bis auf 2.426 m erheben. Er ist nur einer von vielen Picos (Spitzen) der Caldera de Taburiente, mit 28 km Umfang einer der größten Bergkessel der Erde. Er ist dicht bewaldet und voller Quellen und Wasserläufe, ein Paradies für Wanderer und zudem Nationalpark.

Wie alle Kanareninseln ist La Palma rein vulkanischen Ursprungs. Der Gebirgszug **Cumbre Vieja** wird von 120 Vulkanen gebildet; an seinem Ende, der Südspitze La Palmas, brach erst 1971 der **Teneguía** aus, der jüngste Vulkan des Archipels.

Pinien- und Laubwälder bedecken mehr als 40 % der Inseloberfläche. Sie beherbergen Hunderte verschiedener Pflanzen. Zahlreiche Endemiten sind darunter, Pflanzen, die es nur auf dieser Insel gibt oder nur in dieser Region der Erde: Baumheide etwa, Erika von 14 und mehr Metern Höhe oder Lorbeerbäume. Den Lorbeerwald von **Los Tilos** im Nordosten erklärte die UNESCO zum Biosphärenreservat. Die Städte und Dörfer La Palmas haben viel von ihren historischen Ortskernen und ihrem Charme bewahrt. Besonders schön ist das Stadtbild von **Santa Cruz**, der Inselhauptstadt.

Vor ihrer Eroberung durch die Spanier (La Palma 1492/93) waren die Kanarischen Inseln von weißhäutigen und zum Teil blonden Menschen bewohnt. Ihre Herkunft gibt viele Rätsel auf, wahrscheinlich ist, dass sie über Nordafrika einwanderten. Sie lebten auf dem Niveau der Jungsteinzeit. Erhalten sind Bruchstücke ihrer Sprache (viele Ortsnamen gehen auf sie zurück), Wohnhöhlen, geheimnisvolle Steinzeichnungen, Petroglyphen genannt, und ihre feine, schwarze Keramik. Wohnhöhlen und Steinzeichenfundstellen sind Ziele von schönen Wanderungen, Spaziergängen und Ausflügen → **Wanderung 6 und 14**, → **Tour 1 und 4.**

Natürlich gibt es auf La Palma auch **Strände**, obwohl Steilküsten überwiegen. Die schwarzsandigen Playas liegen fast immer versteckt in kleinen Buchten. Die Temperatur des sauberen Atlantikwasser sinkt auch im Winter nicht unter 18 Grad. Naturschwimmbecken am Meeressaum gleichen im Norden den Mangel an Stränden aus.

La Palma blieb lange ein weißer Fleck auf der Urlauberlandkarte, nicht einmal die "Geheimtipp-Szene" fand den Weg dorthin. Im November 1988 landete hier der erste Charterflieger (aus der Bundesrepublik Deutschland). Aber alle Politiker und Tourismusmanager sind sich einig, dass auf La Palma die Fehler des Massentourismus von Gran Canaria und Teneriffa mit ihren jeweils rund 3 Millionen Urlaubern jährlich nicht wiederholt werden sollen; die Insel muss für einen **"Turismo verde"** – einen grünen, sanften Tourismus – reserviert bleiben.

La Palma auf einen Blick

➢ **Größe**: 708 qkm, Länge ca. 50 km, Breite bis 26 km.

➢ **Bevölkerung**: ca. 80.000 Bewohner, davon jeweils ca. 15.000 in den beiden Städten Santa Cruz und Los Llanos.

➢ **Geografie/Geologisches**: La Palma besteht aus dem Bergmassiv der Caldera de Taburiente mit 2.000 m bis 2.426 m hohen Gipfeln. An ihn schließt sich der Höhenzug der Cumbre nueva mit 1.300 m bis 1.800 m an, dem die Bergkette Cumbre vieja (Gipfel zwischen 1.800 und 1.950 Höhenmetern) folgt. Es gibt kaum flache Küstenzonen, nur ein breites Tal, das Valle Aridane im Westen, aber zahlreiche tiefe, schmale Schluchten (Barrancos) vor allem im Norden. Sie reichen bis an die Küsten.

➢ **Übernachten**: Die Bettenzahl ist begrenzt. Es gibt nur zwei Urlauberzentren mit Hotels und Apartmentanlagen, Los Cancajos in der Nähe der Inselhauptstadt Santa Cruz und Puerto Naos auf der Westseite, am größten Strand der Insel. Daneben meist allein stehende, eher ländliche Hotels, Apartmentanlagen und Ferienhäuser sowie einige wenige Stadthotels und Pensionen in Santa Cruz und Los Llanos. Um Weihnachten und Ostern ist alles belegt, auch in den Herbst- und spanischen Sommerferien (Mitte Juni bis Anfang September) kann es eng werden. Es gibt nur einen Zeltplatz an der Küste und mehrere Waldzeltplätze.

➢ **Reisezeit/Klima**: Die Kanarischen Inseln sind ein klassisches Winterreiseziel für Nordeuropäer. Angenehm ist das Klima das ganze Jahr über. Im Winter wird es nicht kalt und im Sommer selten heiß. Die Temperaturen liegen zwischen 21 Grad durchschnittliche Höchsttemperatur im Winter und 27 Grad durchschnittliche Höchsttemperatur im Sommer. In den höheren Regionen ist es kühler. Als Faustregel gilt: Pro 100 Höhenmeter nimmt die Temperatur um 1 Grad ab. Während der Monate Mai bis Oktober regnet es kaum. Zwischen Oktober und April kann es schon einmal heftig schütten, aber selten mehr als ein paar Tage.

➢ **Mikroklima**: Der Osten der Insel, insbesondere der Nordosten, ist grüner, weil auf dieser Seite normalerweise die Wolken und damit die Feuchtigkeit die Insel erreichen. Der Westen ist trockener, karger, aber auch sonnensicherer.

➢ **Straßen**: La Palma verfügt über ein gut ausgebautes Straßennetz. Nahezu alle Straßen La Palmas sind kurvig, fast jede Fahrt ist eine Bergtour und dauert entsprechend lang. Neben den Asphaltstraßen gibt es unbefestigte Pisten/Erdstraßen in sehr unterschiedlichem Zustand; manche sind nur für Geländewagen passierbar.

➢ **Entfernungen**: Santa Cruz – Los Llanos 32 km, Santa Cruz – Los Sauces 27 km, Santa Cruz – Fuencaliente (Los Canarios) 28 km, Los Llanos – Puerto Naos 10 km, Los Llanos – Fuencaliente (Los Canarios) 23 km, Los Llanos – Garafia 44 km.

➢ **Autoverleih**: In allen größeren Orten. Fahrradverleih in Los Llanos und Puerto Naos.

➢ **Tankstellen**: In allen größeren Orten. Im Norden zwischen Barlovento und Garafía nur in Roque de Faro. Manche Tankstellen außerhalb der großen Orte haben an Sonn- und Feiertagen geschlossen.

➢ **Verbindung**: Zentrale Busstation an der Plaza de la Constitución, unterhalb der Post (Correos). Busfahrpläne bei der Touristikinformation.

➢ **Essen**: Leckere Kleinigkeiten (Tapas) gibt es in vielen Straßencafés und Bars z. B. bei **Slogan**, Avenida Maritima 23, größte Auswahl an Tapas.

Kiosko, auf der Plaza Alameda, hier sitzt man im Schatten der Lorbeerbäume.

La Placeta, Placeta de Borrero, im Terrassencafé sitzt man ausgesprochen nett. Im ersten Stock. Internationale gute Küche und kanarisches Ambiente.

In der Umgebung wird das Restaurantangebot inseltypisch und rustikal.

Parilla La Nieves, direkt neben der Wallfahrtskirche von Las Nieves → **2**. Großes, luftiges Lokal, voller Pflanzen. Hausmannskost, das Fleisch kommt von der Parilla (vom Grill). Große Portionen, kleine Preise, am Wochenende voller Palmeros.

Chipi Chipi, Velhoco, zwischen Las Nieves und dem Mirador de la Concepción. Blumenreiche Außenanlage hinter dem gleichnamigen Hotel, mit vielen Gartenhäuschen/Speisepavillons. Große, deftige Portionen, kleine Preise.

➢ **Nachtleben**: Außer flanieren und Kino nichts. Die Jugend zieht es ab Mitternacht in die Discos von Cancajos.

➢ **Einkaufen**: **Mercado** (Markthalle), Avenida de Puente. Alle Früchte der Insel, guter Ziegenkäse, luftgetrockneter Schinken und viel Fleisch und Fisch für den Kochtopf. **Souvenirgeschäfte** auf der Calle O'Daly, Avenida Maritima und an der Placeta de Borreo.

➢ **Sehenswürdigkeiten** außerhalb: **Mirador** (Aussichtspunkt) **de la Concepción**, siehe Karte und → **2** (Las Nieves), → **Tour 1, 2, 3, 5** und **6**.

2 Las Nieves

Die Wallfahrtskirche oberhalb von Santa Cruz ist Sitz der Insel-Schutzheiligen "Nuestra Señora de las Nieves", der Jungfrau vom Schnee(!). Verehrt wird eine aus der Eroberungszeit stammende, spätgotische Muttergottesstatue aus Terrakotta.

Die Kirche stammt aus dem 17. Jh., geht aber ebenfalls auf die Zeit der Eroberung zurück. **Kirche und Madonnenstatue** sind mit kostbaren Silber- und Goldarbeiten geschmückt. Sehenswert auch die zahlreichen Votivtafeln. Alle fünf Jahre (das nächste Mal 2005) wird die Statue in einer Prozession hinunter nach **Santa Cruz** geführt ("Bajada de la Virgen"). Anlass für die größte, Monate dauernde Fiesta der Insel.

➢ **Verbindung**: Bus Linie 10 ab Santa Cruz oder mit → **Tour 5**.

Kartenlegende für die Stadtpläne

Information	Ärztliche Versorgung
Parkplatz	Apotheke
Restaurant	Post
Bushaltestelle	Telefon
Tankstelle	Bank
Sehenswürdigkeit	Supermarkt
Museum	Schloss/Burg

3 Los Cancajos

Urlauberzentrum an schwarzer Felsenküste. Sieben, teils nette Appartementanlagen mit Garten und Pools, ein großes Hotel und einige Reihenhauszeilen von Einheimischen, Läden, Restaurants und drei Discos – das ist alles.

Los Cancajos hat wenig Atmosphäre und Eigenleben. Es gibt einen Strand mit Betonklotzinseln als Wellenbrecher und drei Minibuchten mit Sandstrand. Gut gelungen ist die **Promenade** über den bizarren Lavaschlackenformationen an der Küste.

➢ **Information**: Palma Infos, Lago Azul Abajo.
➢ **Verbindung**: Bus Linie 8 ab Santa Cruz oder als Abstecher von → **Tour 5**.

4 Villa de Mazo

Bergdorf mit städtisch wirkendem Zentrum und hübscher Plaza.

Der Bau der dreischiffigen **Kirche San Blas** wurde 1512 begonnen, er enthält einen kostbaren Altar und Statuen flämischer Künstler aus dem 16. Jh. Mazo ist das Kunsthandwerkerzentrum La Palmas. Die **Escuela de Artesania** (Kunsthandwerksschule) hat hier ihren Sitz und in der **Casa Roja** das Stickereimuseum. Ein Saal ist den Blumenteppichen gewidmet, die an Fronleichnam die Straßen schmücken. Beliebt der **Bauern-und Kunsthandwerkermarkt** im Mercadillo (Sa 15-20, So 8-13 Uhr). In Mazo wird auch ein guter Rotwein produziert, der **Hoyo de Mazo**.

➢ **Verbindung**: 6 x täglich mit Bus Linie 3 aus Santa Cruz und Los Llanos über Fuencaliente (Los Canarios) oder mit → **Tour 1**, → **Wandergebiet 1**.

➢ **Sehenswertes in der Umgebung**:

El Molino, unterhalb des Ortes. Werkstatt für kunstvolle Reproduktionen der schwarzen Guanchenkeramik. Mo-Sa 9-13, Mo-Fr 15-19 Uhr.

Cueva de Belmaco, archäologischer Park in und um Wohn- und Kultstätten der Ureinwohner. Mo-Fr 10-13, 15-18, Sa 10-13 Uhr, Eintritt 200 Pts. → **Tour 1**.

5 Cumbre Vieja

Erdgeschichtlich jüngster, aus 120 Vulkankegeln gebildeter Teil der Kanaren. Neun Ausbrüche in den letzten 500 Jahren, davon drei 1949, der letzte Ausbruch 1971 → 7.

Die Hänge werden von junger Lava gebildet, gutes Weinanbaugebiet. Imposantester Lavafluss ist der des Vulkan **San Juan**, oberhalb des Dorfes San Nicolás bis zur flachen Küstenzone von Puerto Naos. Herrlich ist auch **Llanos de Jable**, dort wachsen knallgrüne Kiefern auf schwarzem Lavasand, einladend der Waldrastplatz **Refugio El Pilar**. Bei klarer Sicht erkennt man von der Ostseite die drei Nachbarinseln Teneriffa, Gomera und Hierro → **Tour 5**, → **Wanderung 8**.

6 Fuencaliente (Los Canarios)

Weinbauerndorf mit Tradition an der Südspitze. Schon im 17. Jh. baute man auf den jungvulkanischen Böden den Malvasier an, einen süßen, schweren Wein.

Bis Mitte des 19. Jh. ein wichtiger palmerischer Wirtschaftsfaktor. Dann zerstörte Mehltau alle Weinstöcke. Heute keltern die Winzereien **Bodegas Teneguía** und **Bodegas Carballo** gute, trockene weiße und rote Weine. Weinprobe und Verkauf, Bodegas Teneguía (ausgeschildert: Mo-Fr 9-14 und 15-18, Sa 10-15 Uhr); Bodegas Carballo, gegenüber vom Abzweig zum Vulkan San Antonio: Mo 14-19, Di-Sa 12-19 Uhr. Sehenswert im Ort ist auch der **Kunsthandwerkerhof** der Gemeinde, Carretera General 86 (Mo-Fr 9.30-12, 15-18 Uhr). Etwas außerhalb in Richtung Santa Cruz liegt **Arte Cuadrado**, eine Kachelmanufaktur, die traditionelle Technik mit neuen und alten Mustern kombiniert (Mo-Fr 14-17, Sa 11-17 Uhr). Hauptattraktion von Fuencaliente (Los Canarios) sind die nahen Vulkane → **7** (Vulkane San Antonio und Teneguía), → **Tour 1**, → **Wandergebiet 2 und 3**.

➢ **Verbindung**: Bus Linie 3 aus Santa Cruz und aus Los Llanos oder mit → **Tour 1**.

7 Vulkane San Antonio und Teneguía

Kreisrund liegt der Vulkankegel des San Antonio direkt unterhalb des Dorfes am Steilhang. Bei seinem Ausbruch 1676/77 verschüttete er eine am Roque Teneguía entspringende heiße Quelle. Ihr verdankte Fuencaliente (heiße Quelle) seinen Namen.

Dennoch beschlossen die Gemeindevertreter im Jahr 2000, ihre Gemeinde in **Los Canarios** umzutaufen. Teile des **Roque Teneguía**, aus gelbem Phonolit und mit stark verwitterten Petroglyphen bedeckt, ragen noch aus der Lava am Fuß des **San Antonio**. Unterhalb des San Antonio liegt der erst 1971 ausgebrochene Vulkan **Teneguía**, der damals "nur" 23 Tage Lava und Asche spie. Er ist der jüngste Vulkan des Archipels. Aus vielen Spalten steigen noch heiße Dämpfe. Im Zusammenhang mit dem Ausbruch gab es ein Todesopfer, ein Fischer starb an Gasvergiftung. Am Parkplatz San Antonio (200 Pts. Gebühr) wurde beim letztem Check an einem Informationszentrum gebaut. Neben dem Parkplatz startet eine Kamelkarawane für zahlende Gäste (15 Min. für 500 Pts.). Ein völlig ungefährlicher 30-minütiger Spaziergang auf dem Kraterrand des San Antonio gewährt nicht nur Einblicke in den Vulkankrater, sondern auch Panoramablicke über die gesamte Südspitze mit eindrucksvoller Vulkanlandschaft. Bei gutem Wetter Sicht auf die Nachbarinseln Teneriffa, Gomera und Hierro.

➢ **Weitere Spaziergänge/Rundwanderungen** → **Wandergebiet 3**.
➢ **Verbindung** → **6** (Fuencaliente/Los Canarios).

8 Los Llanos

Mit mehr als 15.000 Einwohnern fast so groß wie Santa Cruz. In der Stadt wohnen nur wenige Touristen, aber in der Umgebung, einschließlich Puerto Naos, umso mehr.

Der Westen mit dem sonnensicheren Aridanetal und seinen Stränden ist die zweite und größere Urlauberzone, Los Llanos ihr Mittelpunkt mit Geschäften und Restaurants. Beliebtester Treffpunkt für Einheimische und Touristen ist die **Plaza España** mit Terrassencafés unter den ausladenden Kronen der Lorbeerbäume. Los Llanos hat nicht den architektonischen Zauber der Hauptstadt. Die Stadt wirkt auf den ersten Blick sogar hektisch modern, dennoch gibt es geruhsame Winkel. Sehenswert die Kirche **Nuestra Señora de Remidos** aus dem 16. Jh. und die **Plaza Chica** dahinter. In **Argual**, dem in Richtung Tazacorte gelegenen Stadtteil, entstanden im 17. Jh. rund um die **Plaza Sotomayor** die ersten prächtigen Gebäude der Gegend. Die **Casa Massieu van Dale**, früher Wohnsitz der gleichnamigen Familie von Zuckerbaronen, heute **Touristeninformation** und **Ausstellungsgebäude**, ist aufwändig restauriert (Öffnungszeiten: Mo-Fr 8-15 Uhr).

Los Llanos
Caldera de Taburiente
Conrado
Hernandez
Ramon Pol
El Jable
Viva!, Solaris, Confetti
Pol
Ramon
Avda. E. Mederos
Avda. Enrique Mederos
Dr. Fleming
Avda.
Diseño
Plaza Chica
Plaza España
Angel
Lando
Calle Luna
Calvo
Fernandez
Taño
Sotelo
Barbarossa
La Zarza
P. Pulido
Sarbelio
Mercado
Avda. Tanausu
Rathaus
Arte y Flores
Avda. Gral. Franco
Calvario
Palacio del Vino, Casona de Argual
Tanausu
A.
Tinguaro
Avda. Carlos Franc.
Pasion
Disco Convento
Kultur-haus
Diaz Pimienta
Avda. Venezuela
Hidalgo
Real
Jose Antonio
Convento
La Carrilla
San Petronio
Argual: Touristen-information, Acuarius, Mirador El Time
Gesundheits-zentrum
Disco Triangel
Lorenzo Navarro
BBVA/ Postbank
Gral. Yagüe
Contaco
Visconde del Buen Paso
Pueblo parque La Palma, Palmex Kakteengarten

➢ **Verbindung**: Vom Busbahnhof Busse in alle Richtungen.
➢ **Essen**: Große Anzahl guter Restaurants im Ort, viele werden von Ausländern geführt. Empfehlenswert:
Barbarossa, Calle Calvo Sotelo 24, stimmungsvolles, kanarisches Haus. Originelle, internationale Küche.
Real, Avenida Gral. Franco 62, gepflegtes Restaurant. Vielfalt an Fischgerichten.
Hidalgo, Calle José Antonio 21, uriges kanarisches Haus mit Garten. Intern. Küche, auch Vegetarisches.
El Jable, einfaches Lokal mit großem Garten, man sitzt unter Avocadobäumen, kleine venezolanische Gerichte. Oberhalb vom Parkplatz am Busbahnhof.
San Petronio, Camino Pino Santiago, oberhalb der Stadt am Calderahang. Toller Bau im kanarischen Stil, gute Aussicht, Kinderspielplatz. Italienische Küche.
Tinguaro, Calle Acerina, großes Lokal mit Wintergarten. Viel Auswahl an kanarischen und internationalen Speisen, große Portionen, preiswert.
Palacio del Vino, ausgedehntes Höhlenrestaurant/Weinkeller, an der Straße nach Argual.
Casona de Argual, etwas außerhalb an der Plaza Sotomayor von Argual. Tolles Ambiente im restaurierten kanarischen Herrenhaus, anspruchsvolle Karte.
➢ **Einkaufen**: **Mercado** (Markthalle), Plaza de Mercado, viel Atmosphäre und viele Düfte, alle Früchte und Gemüse der Insel, auch Fleisch und Fisch.
Diseño, hinter der Kirche, Kunsthandwerk, Geschenke und hübsche Kleinigkeiten.
Viva!, **Solaris** und **Confetti**, drei Läden mit Geschenkartikeln und Mode auf der Plaza Chica.
Lando und **Arte y Flores**, mit Kunsthandwerk, beide in der Calle Calvo Sotelo.
Contacto, deutsche Buchhandlung mit Urlaubslektüre auch aus zweiter Hand, viele Infos, Calle General Yagüe 13, auch Ferienhausvermietung.
Flohmarkt jeden 1. und 3. Sonntagvormittag im Monat auf der alten Plaza Sotomayor von Argual.
➢ **Nachtleben**: Am Wochenende ab 24 Uhr in den drei Discos:
Convento, Calle Pasion.
Triangel, Calle Francisca Gazmira/Doctor Fleming.
Acuarius, Avenida Tanusu in Arugal.
➢ **Sehenswürdigkeiten** außerhalb:
Mirador El Time, an der Landstraße nach Puntagorda, siehe Karte. Tolle Aussicht über den gesamten Südwestteil der Insel.
Pueblo parque La Palma, Kulturpark, an der Landstraße nach El Paso – Fuencaliente (Los Canarios) ausgeschildert. Parkanlage mit kanarischen Pflanzen, Tieren, Kunsthandwerkern, Höhlen, Ausstellungen, Restaurant und noch viel mehr. Öffnungszeiten: Mo-Sa 10.30-17 Uhr, Führungen 11, 13 und 15 Uhr, Eintritt 1.500 Pts., Kinder 900 Pts.
Palmex Kakteengarten, an der Landstraße nach El Paso – Fuencaliente (Los Canarios) ausgeschildert. 600 verschiedene Kakteen, einige bis 15 m hoch, Öffnungszeiten: Di, Mi, Do 10-17 Uhr, Eintritt 450 Pts.
Caldera de Taburiente → **15**,
→ **Touren 3**, **4**, **5** und **6**.

9 Puerto Naos

Größter Urlauberort an relativ großem Sandstrand. Der Ort besteht fast nur aus neueren, schlichten Apartmenthäusern ohne Gärten und direkt an der Straße.

Lediglich das 4-Sterne-Hotel Sol La Palma hat eine größere Außenanlage mit Pools. In Strandnähe wird es recht hübsch. Die Promenade ist bepflanzt und sorgt mit Terrassencafés für Urlaubsstimmung. Am Strand bieten Kokospalmen Schatten, es gibt Dusch- und Umkleideräume, Liegestuhl- und Sonnenschirmverleih.

➢ **Verbindung**: Halbstündlicher Busverkehr von Los Llanos.
➢ **Essen**: Mehrere recht gute Restaurants und einige Kneipen, alle leicht zu finden. Empfehlenswert:
Bar Nao, mit Terrasse auf der Promenade. Beste Auswahl an Tapas (kleine Gerichte) aus Meeresfrüchten.
Don Quichote, gute Küche.

➢ **Nachtleben**: mehr als bescheiden: Im Hotel gibt es abends ein Animationsprogramm, in den Terrassencafés manchmal Livemusik, eine Disco neben der Pizzeria. **La Scala** wechselt jährlich den Besitzer, Namen und die Öffnungszeiten.
➢ **Baden in der Umgebung**: Drei Strände siehe Karte: **Las Monjas** mit FKK, **Charco Verde**, **Playa Nueva**, langer Sandstrand im Sommer, im Winter sehr steinig.

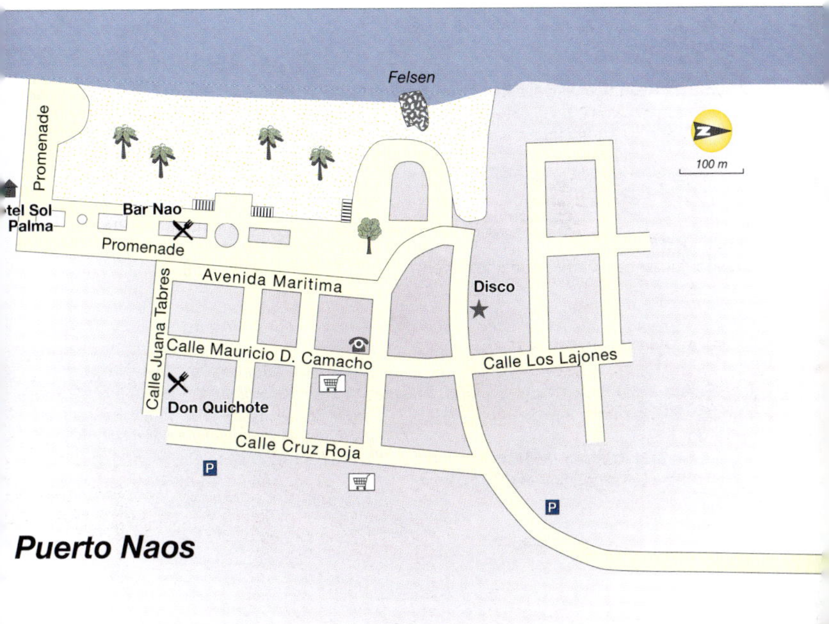

10 Tazacorte

Kleiner Ort mit wenig Touristen und viel Atmosphäre. Enge, steile Gassen mit alten Häuschen. Im Zentrum lange Promenade über einem grünen Bananenplantagenmeer.

Sehenswert sind die **obere Plaza** neben der Kirche mit mosaikgeschmückter Pergola und die **Casa Massieu van Dale** unterhalb der Promenade im ältesten Ortsteil. Die Zuckerbarone des 16. und 17. Jh. haben gleich drei antike Häuser in Tazacorte hinterlassen. Eines ist komplett renoviert und als Ausstellungsgebäude zu besichtigen. Im Hafen, **Puerto de Tazacorte**, eigener Ortsteil, kann man Fisch direkt vom Kutter kaufen. Apartmenthäuser bieten Ferienwohnungen für Urlauber. **Großer Strand**, aber häufig steinig und gefährliche Brandung, an der Meerwasserbadeanlage wird seit zwölf Jahren gebaut, inzwischen nimmt sie Gestalt an. Spaziergänger freuen sich über die **neue Promenade** vom neuen Hafen bis zur alten Hafenmauer.

➢ **Verbindung**: Stündlicher Busverkehr von Los Llanos.
➢ **Essen**: Viele Fischlokale in Puerto de Tazacorte am Meer.

11 El Paso

Ländlicher Ort mit hübschem Plaza-Park im Zentrum. Die alten Häuser/Höfe ziehen sich an den Wegen im Aridanetal entlang.

➢ **Verbindung**: Stündlicher Bus in Richtung Los Llanos und Santa Cruz oder mit → **Tour 1**.
➢ **Information**: Infocenter La Palma, gegenüber der Bushaltestelle.
➢ **Sehenswürdigkeiten**: **Schule für Seidenspinnerei**, Calle Manuel Taño 6. Keine festen Öffnungszeiten. Leider nur von außen anzuschauen, aber trotzden schön ist die kürzlich renovierte **Kapelle**.
Parque Paraiso de las Aves, Subtropische Gartenanlage mit Vogelpark, Führungen 12 und 15 Uhr, Öffnungszeiten: Mo-So 10-17 Uhr, Eintritt 1000 Pts., Kinder 350 Pts. An der Landstraße nach Los Llanos ausgeschildert.
➢ **Essen**: **Las Piedras**, außerhalb, uriges palmerisches Lokal gegenüber dem Informationszentrum des Nationalparks.
➢ **Einkaufen**: Naturkostladen **El Campo**, selbst gebackenes Brot. **La Sorpresa**, Kunsthandwerk. Beide an der Durchgangsstraße nach Los Llanos.
➢ **Sehenswürdigkeiten in der Umgebung**: **La Cumbrecita**, tiefster Punkt am Calderarand. Von hier bester Blick in den Nationalpark, in der Nähe zwei weitere, eindrucksvolle Aussichtspunkte, **Mirador de las Chozas** und **Mirador Los Roques** → **Wanderung 10**. **Informationszentrum** des Nationalparks, an der Abfahrt zu La Cumbrecita. Ausstellungen und Filme zum Nationalpark. Von hier häufig kostenlose, geführte Wanderungen in den Nationalpark (Anmeldung erforderlich). Öffnungszeiten: Mo-Sa 10-14 und 16-18 Uhr, Sa/So 10-15 Uhr, Eintritt frei → **Tour 1**.

12 La Zarza

Archäologischer Park mit Kultstätte und Heiligtum der Urbevölkerung La Palmas.

An den Felswänden im Talschluss mehrere Gruppen von Steinzeichnungen zumeist Wellenlinien und Spiralen. Im Nebental **La Zarzita**, hinter einer Buschgruppe versteckt, befinden sich figürliche Darstellungen und eine kleine Felsplattform, die als Altar gedeutet wird. Am Zugang liegt ein **Informationszentrum/Museum** (Öffnungszeiten: Di-Fr 11-14 und 18-20 Uhr, Sa/So 11-15 Uhr, Eintritt 300 Pts., Kinder 150 Pts.) → **Tour 4** und **6**.

13 Los Tilos

Einer der letzten Lorbeerwälder der Welt, von der UNESCO zum Biosphärenreservat erklärt.

Bedingt durch hohe Niederschläge und gleichmäßige Wärme in dieser Region, konnte sich eine Vegetation halten, die vor der letzten Eiszeit auch im Mittelmeerraum heimisch war. Es gibt vier Lorbeerbaumarten, üppige Strauchschichten, meterlange Ranken, riesige Farne. In den höheren Regionen wächst bis zu 14 m hohe Baumheide. Die üppigen Wassermassen (heute kanalisiert) haben den imponierenden **Barranco de Agua** mit engen Steilwänden gegraben. Das UNESCO-Forschungszentrum ist als Informationszentrum ausgebaut (Öffnungszeiten: Mo-Fr 9-17 Uhr, Eintritt frei). Das Restaurant **Demetrios** ist empfehlenswert → **Wandergebiet 8**, → **Tour 2** und **6**.

14 Roque de los Muchachos

Der mit 2426 m höchste Gipfel kann angefahren werden. Von dort oben aus lässt sich bei klarem Wetter die gesamte Insel überblicken.

Ganz in der Nähe steht als Gemeinschaftswerk sechs europäischer Staaten eines der größten **Observatorien** der Welt. Die Beobachtungsbedingungen sind hier ideal: staubfreie Luft und wenig künstliches Licht. Die Teleskope haben bis zu 4,5 m Durchmesser. 1997 wurde eines der seltenen Sonnenteleskope aufgestellt. Schwerpunkt des deutschen Beitrages ist die Erforschung der "air-showers", hochenergetischer Strahlen aus dem Weltall. Es gibt (meist in den Sommerferien) Tage der offenen Tür, Termine in der Touristeninformation von Santa Cruz. Vom Parkplatz aus kann man auf angelegten Wegen den **Calderarand** mit atemberaubenden Blicken in die Tiefe erkunden → **Tour 3**.

15 Caldera de Taburiente

Nationalpark und Herzstück der Insel, einer der größten Gebirgskessel der Welt. Am Kraterrand 28 km Umfang, 9 km Durchmesser, 1.800 m vom höchsten Gipfel bis auf den Grund.

Zur Entstehungsgeschichte des Kessels – nichts anderes heißt Caldera – gibt es verschiedene Theorien, die wahrscheinlichste ist Erosion. Heute, 2-3 Millionen Jahre nach dem ersten Ausbruch, ist der Kessel bis auf eine Höhe von 1.800 m dicht bewaldet, Pinien zumeist, aber auch Weiden entlang der Bachläufe, vereinzelte Lorbeerbäume und Zedern. Aus den Felsspalten wachsen Wurzen, auf den Höhen auch Ginster. Mehr als 100 Quellen entspringen hier, die **Caldera de Taburiente** ist das Wasserreservoir La Palmas. Das begehrte Nass wird in Rohren und offenen Kanälen zu den Orten und Plantagen geleitet. Selbst in dieser Abgeschiedenheit gibt es keine gefährlichen und kaum wilde Tiere. Die auffälligsten Arten sind Graja-Schwärme, eine La-Palma-eigene Krähenart mit roten Füßen und rotem Schnabel. Fast genau in der Mitte des Kraterkessels befindet sich der Monolith **Roque de Idafe**, ein den Ureinwohnern heiliger Felsen. Auf dem Grund der Caldera gibt es einen Zeltplatz, Genehmigung im Informationszentrum der Parkverwaltung → **11**. Beste Einblicke in die Caldera von den Aussichtungspunkten bei **La Cumbrecita** → **11**, **Pared de Roberto** und **Mirador de los Andenes**. Die Caldera ist ein ideales Wandergebiet. Verschiedene Veranstalter und das Informationszentrum des Nationalparks offerieren geführte Touren → **Wanderung 10**, → **Tour 1, 3** und **5**.

Tagestouren und Ausflüge

Für die Touren nimmt man sich am besten einen Leihwagen. Man kann sie auch mit dem Motorrad oder Fahrrad unternehmen, dann sollte man aber die Steigungen beachten. Auf den meisten Strecken verkehren auch öffentliche Busse, teilweise aber in sehr großen Abständen. Es ist möglich, die Insel an einem Tag zu umrunden, aber dann sind kaum Besichtigungen und Spaziergänge möglich, wir empfehlen es nicht.

Die Touren 1-3 sind von Santa Cruz ausgehend beschrieben, die Touren 4-6 von Los Llanos. Da beide Orte nur eine knappe Autostunde voneinander entfernt liegen und bei Tour 3 und 5 die jeweils andere Stadt angefahren wird, können Sie alle Touren von beiden Orten aus starten. Achtung Beschilderung: Die Straßen und Orte sind für Autofahrer mit großen Metallschildern gekennzeichnet. Daneben gibt es längs der Straßen weißgrundige Richtungsschilder aus Holz, die nur für Wanderer gedacht sind!

Tour 1

Santa Cruz – Mazo – El Molino – Cueva de Belmaco – Fuencaliente (Los Canarios) – Vulkane – El Paso – La Cumbrecita – Santa Cruz, 87 km.

Wenn Sie sich Zeit für die beschriebenen Sehenswürdigkeiten, den Spaziergang auf dem Vulkan San Antonio und eine der vielen Wanderungen in diesem Gebiet nehmen wollen, planen Sie einen Tag ein → **Orte und Sehenswürdigkeiten 4**, **6**, **7**, **11**, → **Wandergebiet 1**, **2**, **3** und **5**.

Sehr abwechslungsreiche Tour durch jungvulkanische Gebiete und Wälder. Sie gibt Einblicke in junge Krater und in den Kessel der Caldera de Taburiente. Unterwegs auch interessante Keramik, Stickerei und Weberwerkstätten. Zwischen Fuencaliente (Los Canarios) und El Paso gutes Höhlenrestaurant: **Bodegón Tamanca**. Samstagnachmittags und sonntagvormittags Bauern- und Kunsthandwerkermarkt in Mazo. Weinprobe in Fuencaliente (Los Canarios) möglich.

Tour 2

Santa Cruz – Los Tilos – San Andrés – Charco Azul – La Fajana – Barlovento – La Tosca – Los Sauces – Santa Cruz, 95 km.

Mit einer der vielen Wanderungen in diesem Gebiet und einem Abstecher zum Baden ein Tagesausflug → **Orte und Sehenswürdigkeiten 13**, → **Wandergebiete 8** und **9**.

Es geht durch den schluchten- und waldreichen Nordosten. Bademöglichkeiten in den Meeresschwimmbädern von Charco Azul und La Fajana und nach einem Fußmarsch an der Steilküste an der Playa Nogales. Botanische Höhepunkte: der Lorbeerwald von Los Tilos und der Drachenbaumhain von La Tosca. Gute Restaurants in Los Tilos, San Andrés und Puerto Espindola.

Tour 3

Santa Cruz – Roque de los Muchachos – Puntagorda – Mirador El Time – Los Llanos – Santa Cruz, 120 km.

→ **Orte und Sehenswürdigkeiten 14** und **8**, → **Wandergebiet 6** und **7**.

Grandiose Gebirgstour, für die Sie einen (wolkenlosen) Tag einplanen sollten. Viele Aussichtspunkte am Calderarand, aber auch vor Los Llanos. Gute Restaurants in Puntagorda: **El Pino** u. a. Wenn Sie das Observatorium besuchen wollen, aktuelle Besichtigungstermine bei der Touristeninformation in Santa Cruz erfragen.

Tour 4

Los Llanos – Mirador El Time – Puntagorda – Steilküste – Las Tricias – Garafía – La Zarza – Los Llanos, 86 km.

→ **Orte und Sehenswürdigkeiten 12**, → **Wandergebiete 6** und **7**.

Mit Stopps und Abstechern ein Tagesausflug. Landschaftlich wunderschöne Tour. Mehrere unbedingt sehenswerte Aussichtspunkte. Sanfte Hügel und eindrucksvolle Schluchten und Steilküsten. Im Januar darf man diesen Ausflug nicht versäumen, dann blühen um Puntagorda herum abertausende von Mandelbäumen. Unterwegs viele Drachenbäume. Auch Garafía liegt spektakulär. Gutes Restaurant in Puntagorda: **El Pino**.

Tour 5

Los Llanos – Informationszentrum des Nationalparks – La Cumbrecita – Refugio El Pilar – San Isidro – Mirador de la Concepción – Las Nieves – Santa Cruz – Los Llanos, 95 km.

Planen Sie, ohne Stadtrundgang in Santa Cruz, 5 Stunden ein → **Orte und Sehenswürdigkeiten 15**, **11**, **2**, **1**, → **Wandergebiete 4** und **5**.

Abwechslungsreicher und informativer Ausflug. Zunächst Informationen über und Einblick in den Nationalpark Caldera de Taburiente, dann durch Wälder und Lavafelder mit fantastischen Rundblicken hoch zum Waldrastplatz Refugio El Pilar. In San Isidro die Zwillingsdrachenbäume nicht versäumen. Vom Mirador de la Concepción toller Blick auf Santa Cruz. Den Abschluss bilden in Las Nieves und Santa Cruz Architektur, Kultur und städtisches Leben. Zwischen 13.30 und 17 Uhr ist nahezu alles in Santa Cruz geschlossen!

Tour 6

Nordumrundung: Los Llanos – Mirador El Time – Puntagorda – La Zarza – Roque de Faro – Barlovento – Los Sauces – Los Tilos – Santa Cruz – Los Llanos, 130 km.

Mit Stopps bei den Aussichtspunkten und den Abstechern La Zarza und Los Tilos eine volle Tagestour → **Orte und Sehenswürdigkeiten 12** und **13**, → **Wandergebiete 6**, **7**, **8** und **9**.

Sehr interessanter Ausflug durch den zunächst lieblichen, später wildromantischen Norden mit seinen tiefen Schluchten und endlosen Wäldern. Restaurants: **Las Briestas** zwischen Puntagorda und La Zarza, **Casa Demetrius** in Los Tilos.

Alle Tipps und Beschreibungen der Karte und Broschüre wurden sorgfältig zusammengestellt. Sollten Sie Anregungen und Verbesserungsvorschläge haben, lassen Sie es uns bitte wissen. Ergänzungen und Tipps kommen der nächsten Ausgabe zugute. Schreiben Sie bitte an:

Michael Müller Verlag GmbH
Gerberei 19
91054 Erlangen
irene.boerjes@michael-mueller-verlag.de

Texte: Irene Börjes
Vorlagen für die Wanderkarten: Franz Wagner
Fotos: Irene Börjes: S. 10, S. 18
Hans-Peter Koch: Coverfotos, S. 47
Margrit Zepf: S. 7, S. 27
Georg Zepf: S. 39
Kartografie La Palma: Karto-Atelier, Arne Rohweder
Kartografie Stadt-/Wanderpläne und Layout: Susanne Handtmann
Covergestaltung: Karl Serwotka
Coverfotos: Wanderer auf dem Deseada (oben), Sprung über der Caldera (unten)
 Druck: arti grafiche, Trento (Italien). 1. Auflage 2001, ISBN 3-932410-58-0

Wandern mit MM-Touring

Mit der MM-Touring-Karte La Palma beginnen wir eine völlig neue Reihe von Wanderführern.

➢ Mit GPS (Global-Position-System), einem System, das Standortbestimmung durch Satellitensignale ermöglicht, haben wir neun Wandergebiete detailliert aufgezeichnet und innerhalb dieser Gebiete Tourenvorschläge entwickelt. Daneben haben Wanderer, die gerne eigene Wege gehen, die Möglichkeit, sich ihre individuellen Wanderungen zusammenzustellen.

➢ Das Produkt wendet sich vor allem an Urlauber, die mit dem Wagen im Rahmen eines Ausflugstages einen Inselteil erkunden und dort auch wandern möchten. Die Mehrzahl der Wanderungen ist als Rundweg gestaltet, damit Sie den am Ausgangspunkt abgestellten Wagen am Ende der Wanderung erreichen, ohne denselben Weg hin- und zurückgehen zu müssen. Die längeren und anspruchsvollen La-Palma-Tageswanderungen finden Sie in unserem Reisehandbuch "La Palma".

Zu den Tourenvorschlägen

➢ Alle angegebenen Zeiten sind reine Gehzeiten. Planen Sie zusätzliche Zeit für Pausen ein.

➢ Keine der Touren stellt besondere Anforderungen, wie Trittsicherheit oder Schwindelfreiheit, wenn nicht im Text ausdrücklich darauf hingewiesen wird.

Auf alle Touren sollte man sich vorbereiten

➢ Unabdingbar sind feste Schuhe mit guter Profilsohle, am besten Wanderstiefel. Wandern Sie nie in Sandalen! Viele Wanderwege sind geröllig, andere durch einen Piniennadelbelag rutschig.

➢ Sinnvoll ist es immer, eine Kopfbedeckung dabeizuhaben, denn die Sonne scheint auf La Palma in einem viel steileren Winkel als auf dem Kontinent.

➢ Für längere Wanderungen brauchen Sie Verpflegung, verzichten Sie aber auch bei kürzeren Strecken nicht auf eine gut gefüllte Wasserflasche.

➢ Außerhalb der Sommermonate ist ein leichter Anorak im Rucksack sinnvoll.

➢ Gehen Sie nicht allein, denn viele Wandergebiete sind wenig begangen und trotz aller Vorsicht ist eine Verletzung unterwegs möglich.

➢ Beginnen Sie Wanderungen nicht am späten Nachmittag, denn auf die Dämmerung folgt sehr rasch die Dunkelheit, und im Dunkeln sind alle Wege gefährlich. Auf die einzelnen Touren zugeschnittene Hinweise finden Sie bei den jeweiligen Beschreibungen.

Spaziergänge und 20 Wanderungen, davon 13 Rundwege

In neun mit GPS detailgetreu kartografierten Wandergebieten finden Sie 20 leichte bis mittelschwere Tourenvorschläge von einer bis vier Stunden, davon 13 Rundwanderungen. Viele weitere Wege lassen sich mit Hilfe der Karten zusammenstellen.

La Palmas Wege

Als ideale Wanderinsel bietet La Palma vielfältige Möglichkeiten, die Natur zu erkunden, von leichten und bequemen bis hin zu schwierigen Wanderungen:

➢ **Forst- und Landwirtschaftswege – Pistas**: Breite, üblicherweise nicht asphaltierte Wege für Wirtschaftsfahrzeuge. Sie ermöglichen ein geruhsames, bequemes Gehen ohne große Anstrengungen. Steigungen werden gemächlich in weiten Kurven bewältigt.

➢ **Alte Verbindungswege**: Sie sind schmaler, denn früher mußten allenfalls zwei bepackte Esel passieren können. Sie bewältigen Höhenunterschiede meist geradewegs nach oben oder unten. Einige sind mit groben Steinen gepflastert, die Camino reales (Königswege). Fast immer führen sie durch unberührte Landschaften und bieten damit ein größeres Naturerlebnis als Pistas, erfordern aber auch etwas mehr Anstrengung.

➢ **Pfade und Trittspuren**: In den bekanntesten Wandergebieten hat das Naturschutzamt Pfade für Wanderer angelegt. Daneben gibt es aber auch immer noch Pfade und Trittspuren, die Hirten oder Arbeiter (längs der Wasserkanäle) in Jahrzehnten oder gar Jahrhunderten nur mit ihren Füßen durch Wald und Wiesen gezogen haben. Sie sind immer sehr schmal, manchmal verwachsen und erfordern in abschüssigem Gelände Aufmerksamkeit. Trittspuren im Wald sind bei oder nach Regen glitschig, dann sollte man sie meiden oder ganz besonders vorsichtig sein.

➢ La Palmas **Wanderwege** sind nur in Ausnahmefällen markiert oder mit Hinweisschildern versehen. Mit unseren Wanderkarten sollten Sie unterwegs aber kein Problem haben, sich zu orientieren.

Kartenlegende für die Wanderkarten

Start/Ende der Wanderung	Rastplatz
Information	Poller
Turm	Asphaltstraße
Windmühle	Hauptforstweg
Schöne Aussicht	Forstnebenweg
Höhle	Königsweg (Alter Camino Real)
Leuchtturm	Pfad
Steinmännchen	Wanderweg

Garafia
Franceses
Gallegos
Barlovento
Llano Negro
Los Sauces
San Andrés
Wandergebiet 7
Los Tilos
Wandergebiet 8
Las Tricias
Puntagorda
Los Galguitos
La Galga
Wandergebiet 9
Puntallana
Caldera de Taburiente
Tijarafe
Wandergebiet 6
Wandergebiet 5
Santa Cruz
de la Palma
Los Llanos
de Aridane
El Paso
Tazacorte
La Laguna
Breña Baja
Wandergebiet 4
Villa de Mazo
San Nicolás
Callejones
Wandergebiet 1
Los Picachos
Puerto Naos
Tiguerorte
Tigalate
Monte de Luna
Wandergebiet 2
Las Caletas
Las Indias
Fuencaliente
(Los Canarios)
Wandergebiet 3
Kanarischen Inseln
Lanzarote
La Palma
Teneriffa
Fuerteventura
La Gomera
El Hierro
Gran Canaria
Marokko

Wandergebiet 1: Wiesen und Wälder über der Ostküste

1. Rundweg: Promenade um die Montaña Vinijore

2. Rundwanderung: Auf den Roque Niquiamo mit Variante

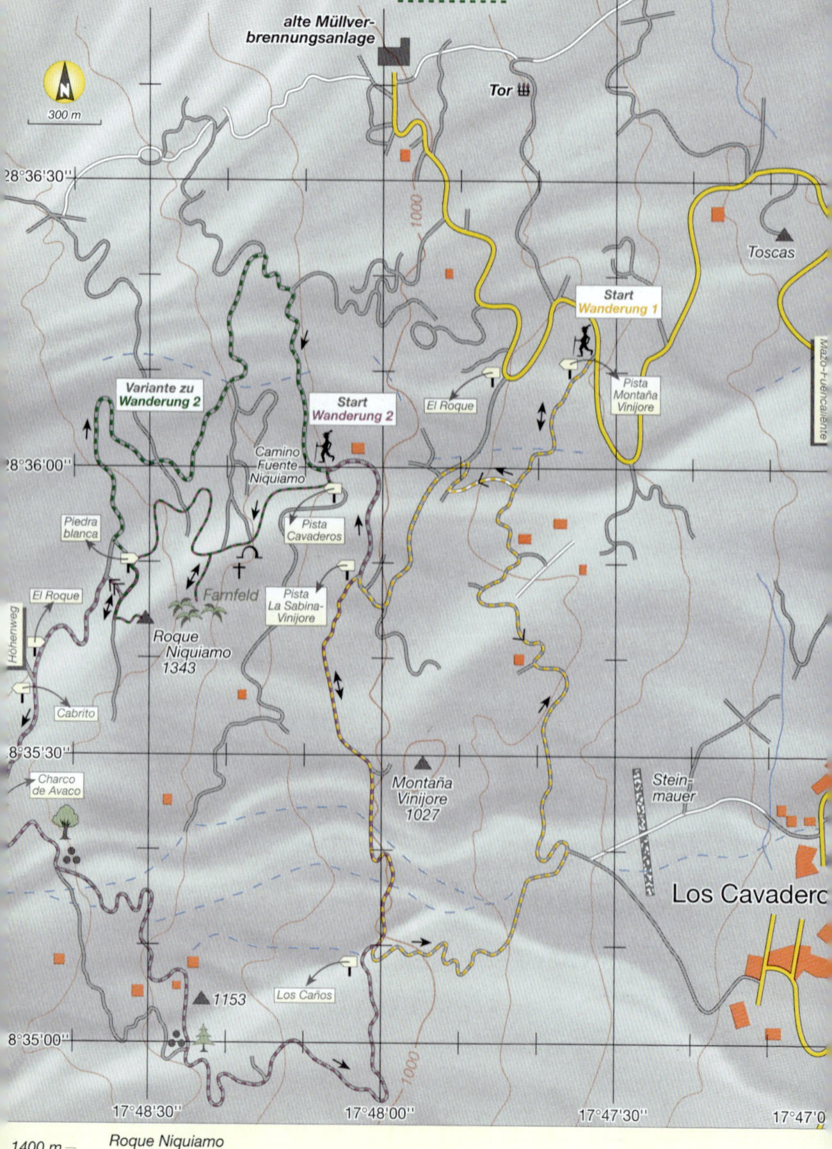

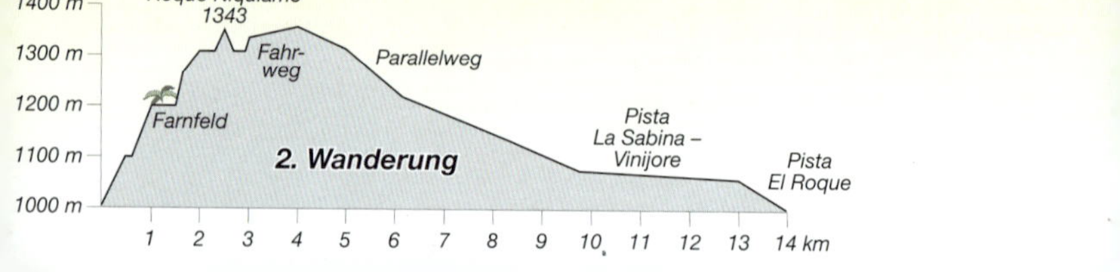

Wandergebiet 1: Wiesen und Wälder über der Ostküste

Die Landschaft oberhalb von Mazo ist als Wandergebiet wenig bekannt. Kaum befahrene, nicht asphaltierte Landwirtschafts- und Forstwege (Pistas) ermöglichen leichte Spaziergänge und Wanderungen von unterschiedlicher Dauer. Etwas schwieriger, aber sehr spannend ist der Aufstieg durch dichten Lorbeerurwald zu dem Felsen, der das gesamte Gebiet optisch beherrscht, dem Roque Niquiamo.

➢ **Einkehrmöglichkeit**: Im Wandergebiet keine, Bars und Restaurants in Mazo.
➢ **Anfahrt**: Das Wandergebiet ist nur mit dem Pkw zu erreichen. Den Zugang in diese Zone bildet eine Asphaltstraße, die südlich von Mazo nach Norden abzweigt. Sie ist mit P.I.R.S. ausgeschildert. Von der Straße zweigen mehrfach ausgeschilderte Erdstraßen für Land- und Forstwirtschaft ab, von denen die breiteste, die "Pista El Roque", für Pkws (außer nach starken Regenfällen) befahrbar ist.

1. Rundweg: Promenade um die Montaña Vinijore

➢ **8 km, 2 Stunden, +/- 100 m**
Einfacher, bequemer und schöner Weg um den Kegel der Montaña Vinijore. Ein kurzer Abschnitt auf dem alten Verbindungsweg zur Cumbre lässt den Weg noch interessanter werden.
➢ **Ausgangspunkt**: Zufahrtstraße bis zur Abzweigung "Pista Montaña Vinijore", dort parken. Sie biegen auf die Piste ein und gehen in Richtung Süden. Eine flacher Barranco (Schlucht) wird durchschritten, nach etwa 10 Min. zweigt rechts ein alter Verbindungsweg ab. Auf schmalem Pfad geht man wie durch einen Tunnel durch Lorbeerurwald und an Felsgruppen vorbei. Der Pfad stößt bald auf die Hauptpiste (Pista El Roque), die Sie nach links weitergehen. Zwei Abzweigungen werden ignoriert, dann biegt man nach links in die "Pista La Sabina – Vinijore" (ausgeschildert) ein. Durch Wiesen und an Baumgruppen vorbei führt der Weg am Vinijore entlang. An der nächsten Pistenkreuzung (Schild Los Caños) gehen Sie nach links im weiten Bogen um den Bergkegel hinunter und nach 10 Min. erneut nach links, die Absperrung soll nur fremde Fahrzeuge fern halten. In einem Rechtsbogen führt der Weg Sie durch einen Barranco und danach ein kleines Stück steil hinauf. Danach halten Sie sich nur noch geradeaus und erreichen in 30 Min. Ihren Ausgangspunkt.

2. Rundwanderung: Auf den Roque Niquiamo

➢ **14 km, 3,5-4 Stunden, +/- 400 m**
Kürzere Variante für den Rückweg möglich, dann hat die Gesamtwanderung
➢ **6 km, 2 Stunden, +/- 350 m**
Im ersten Teil spannende, wegen des extrem steilen Pfades anstrengende Wanderung durch den Lorbeerwald, im zweiten Teil gemächlicher Gang auf Forst- und Nebenwegen. Wegen der steilen und manchmal glitschigen Pfade sollten Sie Wanderstiefel tragen.

➢ **Ausgangspunkt**: 1,5 km auf der Pista El Roque fahren, am Schild "Pista Cavaderos" parken. Sie gehen auf die Pista Cavaderos und biegen sofort in einen Waldpfad ein, der mit "Camino Fuente Niquiamo" ausgeschildert ist. Im weiteren Verlauf ist der Pfad manchmal mit roten Punkten markiert. Es geht im dichten, grünen Wald steil nach oben, mehrfach haben Sie das Ziel der Wanderung, den Felsen (Roque) Niquiamo, im Blick. Nach 10 Min. führen Stufen nach links auf eine Lichtung. Zunächst sollten Sie einen Blick auf einen links in die Felswand gebauten Altar werfen und dann den Trampelpfad rechts davon vorsichtig hinuntergehen. Tief unter Ihnen eröffnet sich nach wenigen Schritten (nicht abgesichert!) eine Grotte in der das Wasser aus der Umgebung zusammenläuft. Der Wanderpfad verläuft rechts vom Grottenzugang, mit roten Punkten markiert, steil nach oben. (Der breitere Weg noch weiter rechts führt in 30 Min. zum Ausgangspunkt zurück). Auf extrem steilem Weg erreichen Sie nach weniger als 10 Min. erneut eine Lichtung mit Pfadkreuzung. Sie nehmen die nach oben führenden Stufen, halten sich für einen Abstecher nach links und erreichen bald ein Farnfeld, über dem sich der Roque Niquiamo mit seinen gelben Phonolitabbruchkanten aus dem dunkelgrünen Wald eindrucksvoll erhebt – ein toller Platz für eine Pause. Zurück an den Stufen, nehmen Sie jetzt die kaum erkennbare Trittspur geradewegs nach oben. Nach 10 Min. überqueren Sie einen breiteren Pfad und gehen geradeaus weiter (rote Punkte). Der Pfad bleibt zunächst steil, nach weiteren 10 Min. wird er eben, wendet sich nach rechts und mündet auf einen Forstweg, in den Sie nach links einbiegen. Sie befinden sich jetzt auf einer Höhe mit dem Roque Niquiamo. Nach ca. 100 m biegen Sie an einem roten Punkt nach links in den Wald und folgen einer Trittspur am Roque entlang, bei weiteren roten Punkten klettern Sie zweimal über kürzere Felsabschnitte und gelangen auf das Plateau. Es ist dicht mit Sträuchern bewachsen und bietet leider keinen schönen Rastplatz, aber der Rundblick ist fantastisch. Vom Plateau geht es, wie Sie gekommen sind, wieder auf den Forstweg, den Sie nach rechts zurückgehen, um ihn kurz darauf auf steilem Pfad nach links zu verlassen. Schon nach 50 m erreichen Sie den Höhenforstweg (Verbindung San Isidro – Fuencaliente) in den Sie links einbiegen. 10 Min. geht es direkt nach Süden, am Schild "Charco de Avaca" geht es links hinunter auf einen Forstweg, nach weiteren 5 Min. nehmen Sie den Abzweig nach links. Dieser Parallelweg schlängelt sich wunderschön durch Wiesen, an Felsgruppen und an mit Flechten behangenen Bäumen und großen Pinien vorbei. Nach 20 Min. biegen Sie auf den parallel verlaufenden Forstweg links ein. Er trifft später auf die Pista La Sabina – Vinijore (ausgeschildert), in die Sie nach Norden (links) einbiegen. 20 Min. später mündet diese Piste auf den Hauptforstweg (Pista El Roque). Wiederum geht es nach links, und in 10 Min. haben Sie den Ausgangspunkt erreicht.

➢ **Kürzere Variante**: Vom Plateau geht es, wie sie gekommen sind, wieder auf den Forstweg, den sie nach rechts zurückgehen. Nun laufen Sie jedoch weiter geradeaus, bis er auf einen breiteren Forstweg stößt, auf den Sie nach rechts unten einbiegen. Auf diesem bequemen Weg erreichen Sie in ca. 45 Min. den Ausgangspunkt der Wanderung.

➢ **Weitere Rundwege**: Mit Hilfe der Karte können Sie sich weitere Rundwege zusammenstellen. Sehr schön ist auch der alte Camino real am nördlichen Rand des Wandergebietes (allerdings kein Rundweg!).

Wandergebiet 2: Feuerberg und Pinienwälder

Rund um den Waldrastplatz Fuente de los Roques mit Tischen, Bänken, Feuerstellen und Quellwasser lassen sich viele schöne Wanderungen durch Pinienwälder und in vulkanischer Umgebung machen. Ein Ziel ist der Gipfel der Montaña del Fuego (Feuerberg) mit herrlicher Aussicht auf die Cumbre Vieja und die Ostküste.

➢ **Einkehrmöglichkeit**: Im Wandergebiet keine; Bars und Restaurants in Fuencaliente (Los Canarios).

➢ **Anfahrt**: Mit dem Pkw oder Bus, Linie 3 Santa Cruz – Los Llanos por Fuencaliente (Los Canarios). Sagen Sie dem Fahrer, dass Sie bei "Pino de la Virgen" aussteigen wollen. Zugang in dieses Gebiet bietet ein bequemer Waldweg hinauf zum Rastplatz. Er zweigt an der Landstraße Mazo – Fuencaliente (Los Canarios) ab. Am Anfang ist er in schlechtem Zustand, wird dann für 100 m zur Betonpiste, um sich gleich darauf zum Platz "Pino de la Virgen" zu erweitern. Hier kann man parken und loswandern. Die Einheimischen befahren auch den weiteren Weg (vorzugsweise an den Wochenenden), um schneller zu ihrem Picknick am Rastplatz zu kommen.

3. Rundwanderung: Zum Waldrastplatz Fuente de los Roques

➢ **12 km, 3,5 Stunden, +/- 350 m**

Einfache Wanderung auf Forst- und Nebenwegen. Im ersten Teil durch vulkanische Felsenlandschaft und Pinienwald, im zweiten Teil auf angenehm weichem Untergrund ausschließlich durch Pinienwald.

➢ **Ausgangspunkt**: Waldplatz "Pino de la Virgen". Sie gehen weiter in Fahrtrichtung, in der ersten Linkskurve verlassen Sie den Hauptweg und gehen geradeaus (Schild "sin salida"). Sie befinden sich jetzt auf einem Abschnitt des schönen, alten Camino de las Flores – Blumenweg. An Felsen, Blumen und Bäumen vorbei geht es leicht bergauf und bergab. Nach 30 Min. an einer Kreuzung gehen Sie geradeaus weiter. Nach weiteren 10 Min. folgt wieder eine Kreuzung, halbrechts liegt ein Steinbruch. Sie folgen dem Weg mit einem Links-, dann Rechtsbogen. Er schlängelt sich jetzt als Forstnebenweg ca. 45 Min. durch den Wald immer nach oben, dann stößt er auf die Forstverbindung Fuencaliente (Los Canarios) – San Isidro, auf die Sie nach links einbiegen. 20 Min. spaziert man jetzt durch eine jungvulkanische Zone, dann weist ein Schild zum Rastplatz (600 m Zona recreativa Fuente de los Roques). Vom Rastplatz aus können Sie den → **Rundweg 4** anschließen. Um zum Ausgangspunkt zurückzukehren, bietet sich jetzt folgende **Variante** an: Sie gehen zunächst die 600 m auf den Hauptweg zurück, dort aber jetzt nach rechts und, immer dem Hauptweg durch den Wald folgend, nach unten. An den Abzweigungen immer die linke Variante wählen (vgl. Karte), bis Sie zur Abzweigung des Camino de las Flores kommen. Dort nehmen Sie die Rechtskurve zum Ausgangspunkt.

Wandergebiet 2: Feuerberg und Pinienwälder

3. Rundwanderung: Zum Waldrastplatz Fuente de los Roques

4. Rundweg: Auf den Feuerberg und über Vulkanhänge

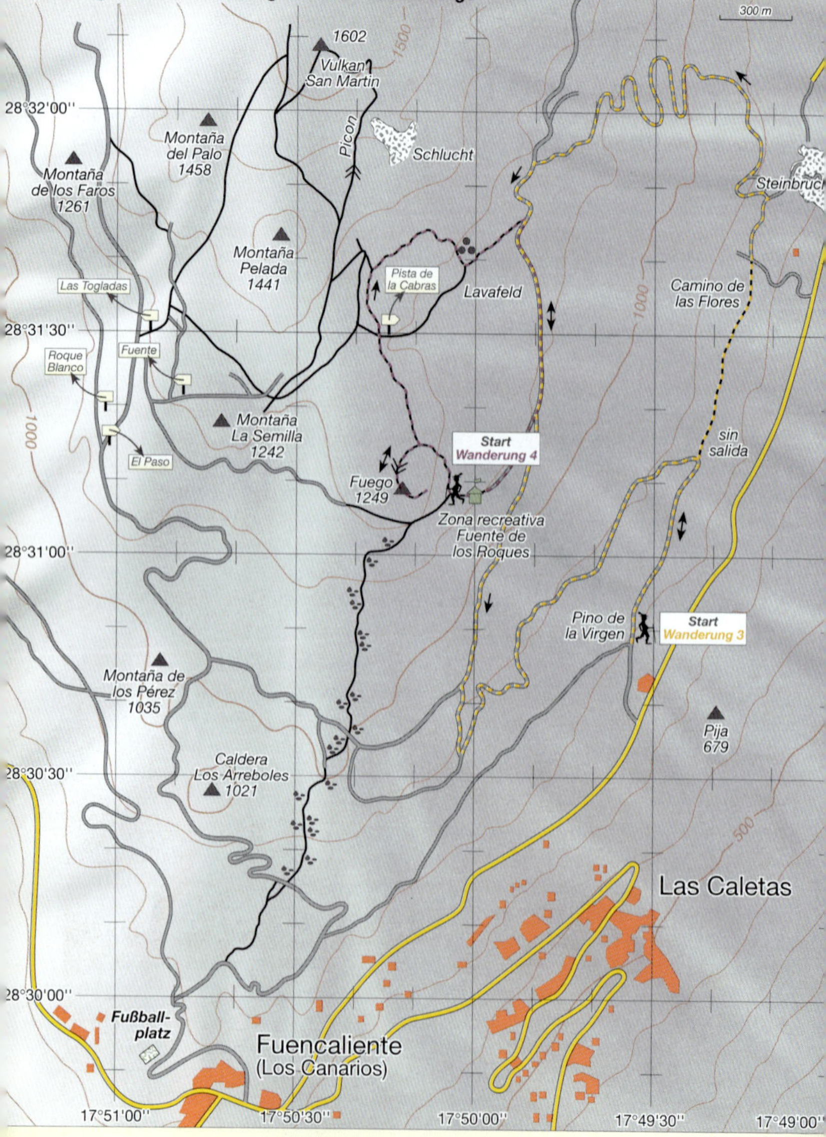

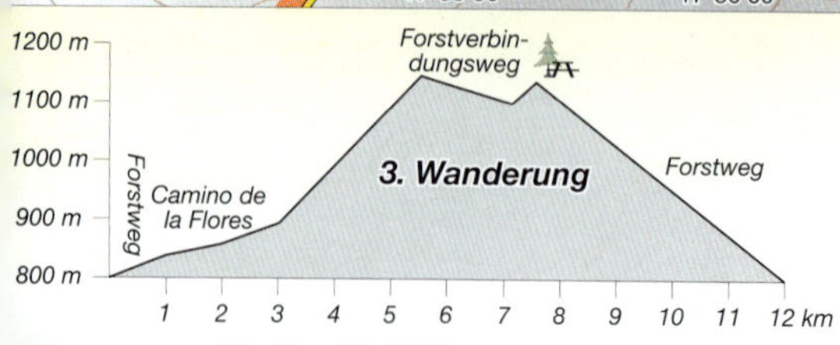

4. Rundweg: Auf den Feuerberg und über Vulkanhänge

➢ **4 km, ca. 1,5 Stunden, +/- 150 m**
Einfacher Weg durch eine jungvulkanische Zone mit schönen Ausblicken. Der steile Aufstieg am Anfang ist anstrengend. Anschlusswanderung an die → **Rundwanderung 3**. Sie können den Rastplatz aber auch mit dem Pkw erreichen.
➢ **Ausgangspunkt**: Rastplatz "Zona recreativa Fuente de los Roques". Unmittelbar hinter dem Eingang führt nach rechts oben ein steiler Pfad auf die Montaña del Fuego, sie liegt gut erkennbar über dem Rastplatz. Nach dem ersten anstrengenden Abschnitt biegen Sie an einer Weggabelung nach rechts und können einige Minuten auf ebenem Weg verschnaufen. An der nächsten Weggabelung halten Sie sich links, bald folgt der letzte steile Abschnitt nach links auf den Gipfel, den Sie nach insgesamt 30 Min. erreicht haben. Es geht nun wieder hinunter zur letzten Weggabelung, jetzt biegen Sie nach links und gehen auf einem bequemen, mit Steinen markierten Weg durch weichen Vulkansand. An der Wegkreuzung halten Sie sich geradeaus. An einem felsigen Abschnitt wird die Lage unübersichtlich, hier treffen sich mehrere Pfade. Sie halten sich nach Nordosten (kaum erkennbarer Wegverlauf), überqueren einen Vulkansandhang und gehen leicht abwärts auf ein Waldstück zu. Dort beginnt mit Steinmännchen wieder die Wegmarkierung. Es geht weiter leicht bergab, Sie stoßen auf einen breiteren Forstverbindungsweg, in den Sie nach rechts einbiegen. In weniger als 20 Min. erreichen Sie so die Zufahrt zum Rastplatz. Jetzt sind es noch 600 m und Sie haben den Ausgangspunkt wieder erreicht.
➢ **Weitere Wege**: Mit Hilfe der Karte lassen sich weitere Wege, z. B. zum Vulkan San Martin oder nach Fuencaliente (Los Canarios), zusammenstellen.

Strichlava im Vulkan San Juan

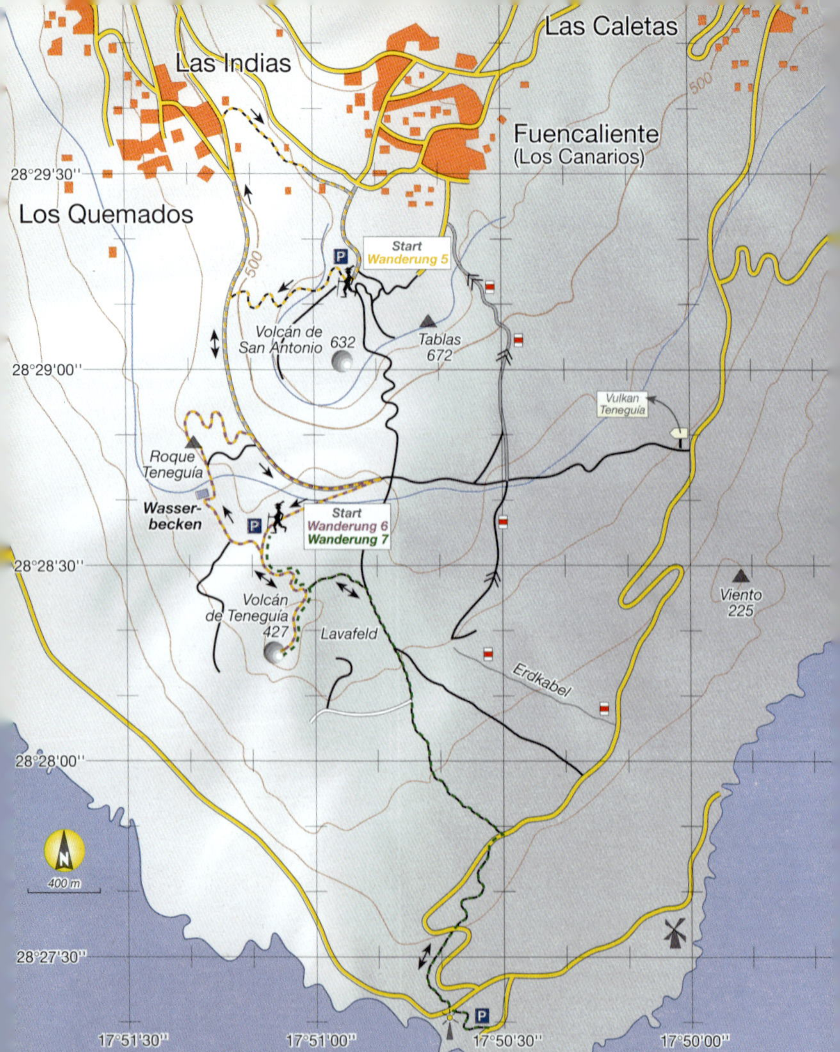

Wandergebiet 3: Die Vulkane von Fuencaliente (Los Canarios)

5. Rundwanderung: Vom San Antonio zum Vulkan Teneguía und Roque Teneguía

6. Rundweg: Vulkan Teneguía und durch schwarze Ascheberge zum Roque

7. Wanderung: Zum Playa del Faro

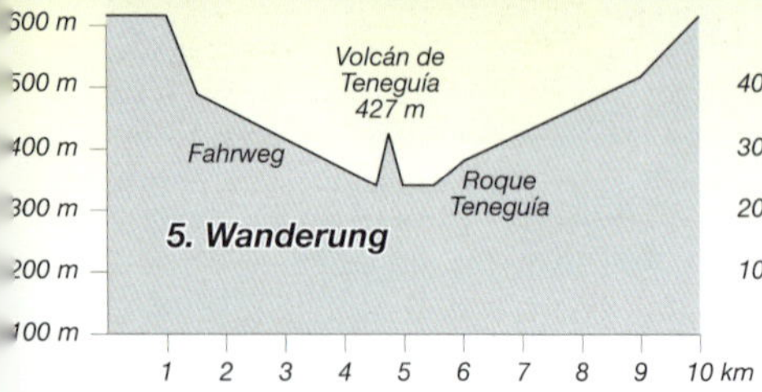

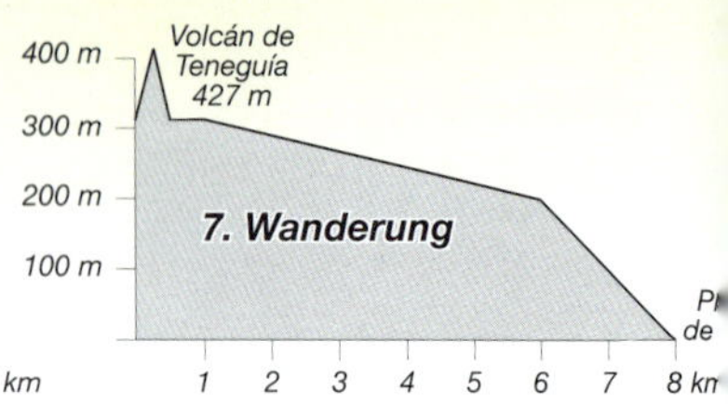

Wandergebiet 3: Die Vulkane von Fuencaliente (Los Canarios)

Die Vulkane unterhalb von Fuencaliente (Los Canarios) gehören zu den landschaftlichen Höhepunkten, die jeder Inselgast gesehen haben muss → Orte und Sehenswürdigkeiten 7. Das gesamte Gebiet bis hinunter zur Küste ist mit vielfältigen Wegen durchzogen und zu einem der beliebtesten Wanderreviere geworden.

➢ **Einkehrmöglichkeit**: Bars und Restaurants in Fuencaliente (Los Canarios) und an der Playa del Faro.

➢ **Anfahrt**: Mit dem Pkw oder dem Bus, Linie 3 Santa Cruz – Los Llanos por Fuencaliente (Los Canarios). Im Ort der Ausschilderung folgen. Ein Parkplatz befindet sich direkt am Kraterrand des Vulkans San Antonio, dort starten auch Kamelritte, und es wird an einem Informationszentrum gearbeitet. Ein weiterer Parkplatz befindet sich vor dem Vulkan Teneguía.

Spaziergang: Auf dem Kraterrand des San Antonio

➢ **30 Minuten, ebener Wegverlauf**

Diesen einfachen Spaziergang sollte niemand versäumen. Unterwegs hat man fantastische Blicke in den Krater, auf die Südküste und den Vulkan Teneguía, bei klarer Sicht auch auf die Nachbarinseln Teneriffa, La Gomera und El Hierro.

➢ **Ausgangspunkt**: Parkplatz Vulkan San Antonio. Der Weg ist nicht zu verfehlen. Völlig gefahrlos kann man gut die Hälfte des fast kreisrunden Kraterrandes begehen. Auf demselben Weg geht es zurück. Ein Teil des Kraterrandes steht unter besonderem Naturschutz und ist gesperrt.

5. Rundwanderung: Vom San Antonio zum Vulkan Teneguía und Roque Teneguía

➢ **10 km, reine Wanderzeit 3 Stunden, +/- 400 m**

Vielfältige Vulkanwanderung mit mehreren interessanten Punkten. Die Wanderung stellt keine besonderen Anforderungen, nur der Aufstieg am Ende ist schweißtreibend (Kopfbedeckung/Wasser).

➢ **Ausgangspunkt**: Parkplatz Vulkan San Antonio. Zunächst sollten Sie sich einen Gang auf dem Kraterrand des San Antonio nicht entgehen lassen (s. o.). Zurück auf dem Parkplatz, wandern Sie auf einem ausgeschilderten, steilen Pfad hinunter zum Fahrweg, auf den Sie nach links unten einbiegen. Den Vulkan Teneguía sehen Sie schon von weitem. Nach knapp 30 Min. zweigt ein Fahrweg scharf rechts zum Vulkan Teneguía ab und endet in einem Parkplatz. Jetzt geht es weiter mit → **Rundweg 6**, bis Sie wieder auf dem Fahrweg angekommen sind. Sie folgen ihm nach links hinauf bis auf eine Landstraße, die Sie einige hundert Meter geradeaus hochgehen, bis ein Weg nach rechts abzweigt. Er führt zwischen zwei auffälligen, gut restaurierten alten kanarischen Häusern hindurch und bringt Sie hinauf zum Ausgangspunkt.

6. Rundweg: Vulkan Teneguía und durch schwarze Ascheberge zum Roque Teneguía

➢ **1-1,5 Stunden, +/- 50 m, mit Abstecher Aufstieg Vulkan Teneguía +/- 100 m extra**

Den Aufstieg auf den Vulkan Teneguía unternehmen viele Gäste und viele davon mit falschem Schuhwerk. Der Weg ist extrem rutschig, für den Abstieg sollten sie schwindelfrei sein. Im weiteren Wegverlauf keine besonderen Anforderungen.

➢ **Ausgangspunkt**: Parkplatz Vulkan Teneguía. Zunächst gehen Sie zum vor Ihnen liegenden Vulkan Teneguía. Dort können Sie in den mit roter und gelber Schlacke bedeckten Krater schauen. Sportliche Naturen schließen einen Aufstieg an (schlechte Wegstrecke, festes Schuhwerk erforderlich). Der Blick von oben ist besonders schön. Danach geht es zurück zum Parkplatz und auf einem gut erkennbaren Weg nach links. Auf Höhe eines Wasserbassins wird ein Betonkanal überquert, auf der anderen Seite geht es nach links am Rand des Kanals weiter. Vor dem dritten Wasserhäuschen führt ein kaum erkennbarer Pfad halbrechts hoch (wer den Pfad verpasst und weiter geradeaus am Kanal entlanggeht, kommt ebenfalls ans Ziel, muss aber am Roque Teneguía ein kleines Stück klettern) und weiter nach Norden. Bald ist der auffällig gelbe Phonolitfelsen Roque Teneguía erreicht. Bei genauem Hinschauen erkennen Sie noch zahlreiche spiralförmige Steingravuren der Guanchen. Leider sind sie stark verwittert. Ein markierter Weg führt vom Roque nach oben zum Fahrweg, dort angekommen geht es nach rechts und zurück zum Ausgangspunkt.

7. Wanderung: Zum Playa del Faro

➢ **8 km, eine Richtung 2 Stunden, +/- 427 m**

Einfacher, weicher Vulkanaschenweg, der Rückweg ist anstrengend. Herrliche Vulkanwanderung durch schwarze Lavasanddünen, auf dem Hinweg haben Sie über weite Strecken das Meer und später auch den Leuchtturm im Blick.

➢ **Einkehrmöglichkeit**: Am Strand Playa del Faro hat sich ein Kiosk mit Terrasse eingerichtet. Er bietet frische Fischgerichte an, Mittwoch Ruhetag.

➢ **Ausgangspunkt**: Parkplatz Vulkan Teneguía. Sie sollten zunächst zum Vulkan Teneguía vorgehen und ihn evtl. besteigen → **Rundweg 6**. Zwischen Teneguía und dem Parkplatz zweigt auf halber Strecke rechts eine Trittspur auf schroffem Gesteinsfluss zu einem Minikrater ab. Sie nehmen die Spur und gehen am Nebenkrater vorbei bis zu einem Weg, in den Sie nach rechts einbiegen. Dieser Weg bringt Sie bis ans Ziel. Er ist teilweise gut gekennzeichnet (an einer Gabelung die rechte Variante wählen), die Landstraße durchschneidet ihn mehrfach, aber Sie finden den Abschluss immer auf der anderen Straßenseite wieder. Schon bald sehen Sie sowohl den Faro (Leuchtturm) als auch das Ziel der Wanderung, einen kleinen Strand, sodass die Orientierung ohnehin kein Problem ist. Zurück auf demselben Weg.

➢ **Variante**: Sie können diese Wanderung auch in die → **Rundwanderung 5** einfügen, dann hat die Gesamtwanderung 26 km, überwindet 700 Höhenmeter und dauert 7 Stunden. Der Rückweg ist sehr anstrengend.

➢ **Weitere Wege**: Mit Hilfe der Karte lassen sich noch weitere Wandermöglichkeiten in diesem Gebiet zusammenstellen.

Wandergebiet 4: Die Cumbres

Die Cumbres bieten auf ihren Höhenwegen weite Blicke auf beide Seiten der Insel. Bequem ist der Panoramaweg über die Cumbre Nueva. Die Cumbre Vieja bietet mit ihren jungen Vulkanen besonders reizvolle Touren → Orte und Sehenswürdigkeiten 5.

➢ **Einkehrmöglichkeiten**: Im Wandergebiet keine. Das nächste Restaurant "Las Piedras" liegt ca. 1,5 Kilometer von der Zufahrt in Richtung El Paso.
➢ **Ausgangspunkt**: Für alle Wanderungen der beliebte Waldrastplatz "Refugio El Pilar" mit rustikalen Tischen, Bänken, Feuerstellen, Frischwasser und einem Waldspielplatz. An den Wochenenden ist er zu jeder Jahreszeit gut besucht.
➢ **Anfahrt**: Nur mit dem Pkw möglich. Von der Landstraße Los Llanos – Santa Cruz biegt die asphaltierte Zufahrt einige hundert Meter westlich vom Tunnel nach oben ab. Sie haben dann noch mehrere Kilometer Fahrt durch die schöne und abwechslungsreiche Landschaft auf den Grat der Cumbres vor sich.

8. Rundwanderung: Auf den Birigoyo

➢ **7 km, ca. 3 Stunden, +/- 400 m**
Es gibt mehrere Möglichkeiten, den Aschenkegel des Birigoyo direkt über dem Refugio El Pilar zu besteigen (siehe Karte). Hier ist die längste Variante beschrieben. Sie ist nicht ganz so steil und führt an drei Vulkankratern vorbei. Anstrengende Wanderung. Der Weg verläuft teilweise steil bergauf und bergab. Wegen der lockeren Vulkanasche und der gerölligen Strecke sollten Sie Wanderstiefel tragen. Auf dem teilweise rutschigen Weg bergab tut ein Wanderstock gute Dienste. Über eine Kopfbedeckung und eine gut gefüllte Wasserflasche werden Sie unterwegs dankbar sein.
➢ **Ausgangspunkt**: "Refugio El Pilar". Sie überqueren den Waldrastplatz und gehen am Toilettenhäuschen vorbei auf gut erkennbarem Pfad nach rechts oben in den Wald. Der erste Abschnitt der Wanderung ist identisch mit der "ruta de los volcanes" nach Fuencaliente (Los Canarios), vgl. La Palma, Reisehandbuch, Michael Müller Verlag. Gemächlich ansteigend, erreichen Sie nach ca. 10 Min. eine Weggabelung, Sie halten sich rechts. Weiter geht es bergauf. Von einem Aussichtplatz haben Sie einen freien Blick auf die Cumbre Nueva, über die sich häufig die Passatwolke "La Cascada" wie ein Wasserfall ins Tal ergießt. Nach gut 30 Min. lassen Sie die Baumgrenze hinter sich und gehen am Geröllhang des Birigoyo entlang. Ein markierter Pfad führt nach oben, Sie bleiben aber auf dem Hauptweg. Nach 45 Min. stößt der Wanderweg auf einen breiten Forstweg, in den Sie nach links oben einbiegen. Nach 1 Stunde Gesamtwanderzeit macht der Hauptweg einen Bogen. Geradeaus verlässt, mit Steinmäuerchen markiert, die "ruta de los volcanes" den Hauptweg, Sie aber bleiben auf dem Hauptweg und stehen kurz darauf an einer Schneise, die sich links den Hang hinaufzieht. Etwa in ihrer Mitte beginnt der Aufstieg (Steinmännchen und Baum mit grünem Streifen) mit vielen Serpentinen auf den Kraterrand der Montaña Barquita. Oben angekommen, halten Sie sich auf der Trittspur und umgehen einen Teil des Kraters nach Osten. An ihn schließt ein weiterer Krater an. Sie gehen an seinem östlichen Rand entlang nach Norden und auf gut erkennbarer Trittspur hinauf zur Spitze des Birigoyo.

Wandergebiet 4: Die Cumbres

8. Rundwanderung: Auf den Birigoyo

9. Wanderung: Höhenweg über die Cumbre Nueva

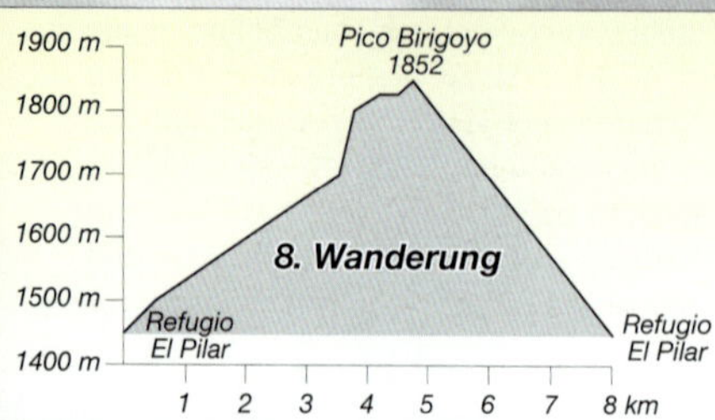

Seine weiße Vermessungssäule ist ein guter Rastplatz, von hier hat man den weitesten Blick in alle Himmelsrichtungen. Zurück geht es in ca. 45 Min. auf einer gut erkennbaren Trittspur, die direkt an der Säule beginnt, nach unten. Sie führt an einem weiteren Krater entlang in den Wald. Bei dem Gegenstück zur ersten Schneise wird der Hang zunächst nach rechts gequert, dann nach links. Wer will, geht die steile Schneise hinunter, angenehmer ist jedoch der Weg nach links in den Wald. Er trifft auf die erste Weggabelung des Hinweges, von dort nach rechts unten gehend, sind sie bald wieder am Ausgangspunkt.

9. Wanderung: Höhenweg über die Cumbre Nueva

➢ **Länge je nach Lust und Ausdauer, kaum Höhenunterschiede**
Einfache Wanderung. Sie können auf diesem Weg bis auf den Rand der Caldera wandern, dann wird es aber steil.

➢ **Ausgangspunkt**: Refugio El Pilar. Sie gehen die Landstraße, die am Refugio vorbei führt, nach Osten, bis sie im rechten Winkel nach rechts abbiegt. Sie gehen aber wenige Schritte nach links auf einen Forstweg und dann sofort auf einen Pfad, der im spitzen Winkel nach unten in den Wald führt. Nach einigen Minuten auf diesem hübschen Weg zweigt nach links oben ein Pfad ab, er bringt Sie durch Lorbeerwald und an Farnfeldern vorbei in 10 Min. auf den Forstweg zurück, auf dem Sie nach rechts einbiegen und immer weiter geradeaus auf dem Kamm der Cumbre Nueva folgen. Auf ihrer östlichen Seite ist sie überwiegend mit Lorbeerwäldern und Fayal-Brezal (Baumheide) bewachsen, auf der westlichen mit Pinien. Der Blick geht zu beiden Seiten über die Städte Santa Cruz bzw. Los Llanos bis an die Küste. Nach einer guten Stunde Gesamtweg weist ein Schild mit der Aufschrift "Fuente 200 m" auf einen Pfad nach rechts unten. Sicher sind es mehr als 200 m bis zur Quelle, aber Sie sollten den Pfad als Abstecher unbedingt nehmen. Er führt durch einen dichten, häufig nebeligen Urwald. Die Quelle selbst hat nach soviel abenteuerlicher Atmosphäre einen etwas enttäuschend schlichten Wasserhahn. Zurück gehen Sie auf dem Forstweg, den Schlenker vom Hinweg durch den Wald können Sie auslassen. Weitere Wege können Sie mit Hilfe der Karte zusammenstellen. Hübsch ist z.B. der Weg zum Refugio Pared Vieja.

Wandergebiet 5: Caldera de Taburiente

Für das Hauptwandergebiet im Nationalpark → Orte und Sehenswürdigkeiten 15 beschreiben wir hier nur eine kurze Wanderung. Nahezu alle anderen Wanderungen sind Tagestouren, Sie finden ihre Beschreibungen in unserem Reisehandbuch La Palma.

➢ **Einkehrmöglichkeiten**: Das nächste Restaurant “Las Piedras” liegt schräg gegenüber der Zufahrt.

➢ **Anfahrt**: Nur mit dem Pkw möglich. Von der Landstraße Los Llanos – Santa Cruz zweigt oberhalb von El Paso neben dem Informationszentrum für den Nationalpark die asphaltierte Zufahrt ab (ausgeschildert mit parque nacional), vgl. Landkarte.

10. Rundweg: Von der Cumbrecita zu den Aussichtspunkten

➢ **3 km, 1 Stunde, +/- 100 m**

Eher ein schöner Spaziergang, wegen des schmalen Weges und der teilweise rutschigen Wegstrecke Schuhe mit Profilsohle tragen.

➢ **Ausgangspunkt**: Parkplatz Cumbrecita. Schon vom Parkplatz Cumbrecita haben Sie eine hervorragende Aussicht in die Caldera und zurück auf die Cumbre Nueva. Sie nehmen den breiten Weg nach Westen und erreichen nach gemächlichen 15 Min. den mit Holzgittern begrenzten Aussichtplatz Las Chozas. Nachdem Sie den fantastischen Blick genossen haben, gehen Sie ca. 200 m zurück. Dort zweigt ein schmaler Pfad nach links unten ab, auf dem Sie weiter gehen. Zweimal überqueren Sie kleine Holzbrücken über kleine Schluchten. Nach etwa 40 Min. Gesamtwanderung stößt der Pfad auf einen Weg, dem Sie nach links zum Mirador Los Roques folgen. Von dort aus haben Sie einen freien Blick in die Calderarunde. Für den Aufstieg zum Parkplatz gehen Sie diesen Weg zurück und folgen ihm geradeaus nach oben über viele Serpentinen zum Ausgangspunkt.

➢ **Hinweis**: Auf dem letzten Wegabschnitt ist ein Pfad zum Campingplatz “Lugar de acampada” ausgeschildert. Man kann ihm ca. 1 Stunde lang folgen (Schwindelfreiheit erforderlich), danach wird er sehr gefährlich.

Wandergebiet 6: El Pinar

Der Pinienwald (El Pinar) im Nordwesten, oberhalb von 1000 Höhenmetern, ist ein herrliches, wenig begangenes Wandergebiet.

➢ **Einkehrmöglichkeiten**: Das nächste Restaurant "Bodega Antonio" liegt in Tijarafe.
➢ **Anfahrt**: Nur mit Pkw möglich. El Pinar wird durch eine asphaltierte Straße erschlossen, die südlich von Tijarafe mit "Torre Vig. Ninc. del Time" ausgeschildert ist. Man nimmt an der Straßenverzweigung die hochführende Variante.

11. Rundwanderung: Durch Schluchten und Pinienwald

➢ **10 km, 2,5 Stunden, +/- 300 m**
Einfache Wanderung, kein Spaziergang, aber auch keine besonderen Schwierigkeiten. Im ersten Teil romantische Schluchtenwanderung auf schmalem, teilweise felsigem Pfad. Mehrere kurze und eine längere Steigung, im zweiten Teil gemächlicher Gang auf breitem Forstweg.
➢ **Ausgangspunkt**: Wegkreuzung "Cruz de Llano", mit zwei einander gegenüberliegenden Altarhäuschen, einige hundert Meter unterhalb des bisherigen (Jahr 2000) Asphaltendes. Am Cruz de Llano nehmen Sie den mit "Roque de los Muchachos" ausgeschilderten Weg in Richtung Schlucht, er verengt sich bald zu einem schmalen Pfad. Nach einem kurzen Aufstieg zeigt ein Schild "Fuente de Trajocade" nach oben, die Quelle ist mit einem Abstecher schnell erreicht. Der Pfad führt geradeaus weiter – die untere Variante ist einfacher – und führt in eine zweite Schlucht, die nach einfacher Strecke mit einem etwas längeren Aufstieg verlassen wird. Der Pfad biegt in eine weitere Schlucht. Nach gut 30 Min. Gesamtweg stößt man beim Verlassen der dritten Schlucht auf einen quer verlaufenden Weg, ein Schild "Camino La Traviesa" zeigt zurück. Es geht nach rechts weiter und auf dem nächsten Pfad (ausgeschildert) nach links in eine weitere Schlucht. Nach gut 45 Min. Gesamtweg zweigt an einem auffällig großen Stein am Pfadrand, einige hundert Meter vor einer Felswand, ein mit Steinmännchen gekennzeichneter Pfad nach links unten. Sie biegen ab und gehen z. T. ohne erkennbaren Wegverlauf in den Schluchtgrund. Unten bieten flache Steine einen schönen Rastplatz. Nun geht es an der Felswand entlang in Richtung Meer. Am Ende der Felswand findet man das Hinweisschild wieder (Achtung, es kann von Gestrüpp umwuchert sein) und den Pfad, der zunächst stark verwachsen mit einem längeren Aufstieg nach oben führt, dann an einer schmalen Abzweigung nach rechts hoch, an einer zweiten Abzweigung geradeaus. Bei einem Steinmännchen (geradeaus beginnen Obstbaumterrassen), setzt sich der Aufstieg nach rechts oben bis zu einem Forstweg fort. Dort stehen zwei Holzschilder, Sie biegen rechts auf den Forstweg in Richtung Sendero El Pinar, Roque de los Muchachos, den Sie in der nächsten Stunde nicht mehr verlassen. Zunächst windet er sich mit einigen Kurven nach oben, um sich dann nach Süden zu wenden. An einer Wegkreuzung (links Roque de los Muchachos, rechts El Pinar) bietet sich die Möglichkeit, nach rechts über einen teilweise schwer erkennbaren Pfad auf dem Hinweg zurückzukehren, falls Ihnen eine Wanderung auf dem breiten Forstweg zu anspruchslos ist.

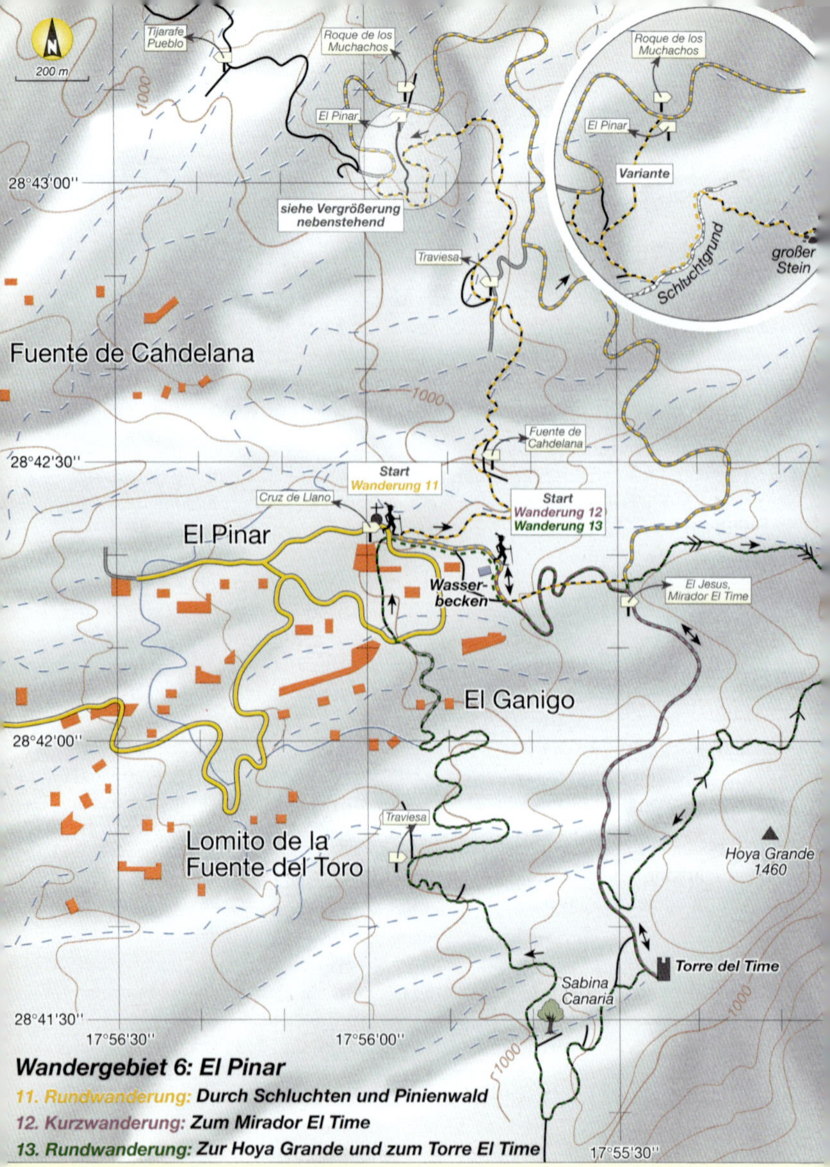

Wandergebiet 6: El Pinar

***11. Rundwanderung:* Durch Schluchten und Pinienwald**

***12. Kurzwanderung:* Zum Mirador El Time**

***13. Rundwanderung:* Zur Hoya Grande und zum Torre El Time**

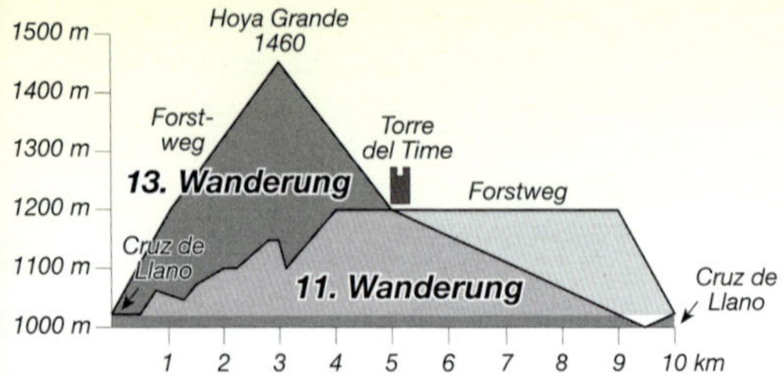

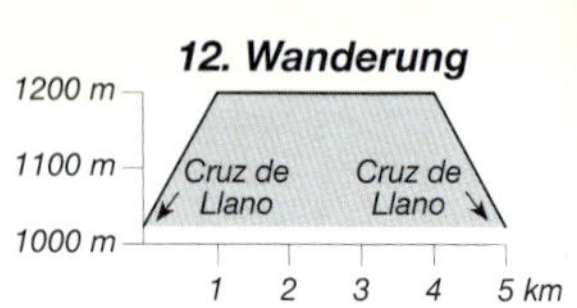

Nach gut einer Stunde auf dem Forstweg führt von unten ein weiterer Forstweg herauf. Geradeaus geht es jetzt zum Mirador El Time (zusätzlich hin- und zurück eine knappe Stunde). Die Rundwanderung aber führt Sie nach rechts in Richtung El Jesus. Der Forstweg führt in weiten Serpentinen hinab, Sie können sie auf einem mit Steinmännchen gekennzeichneten Waldweg geradeaus abkürzen und queren dabei mehrfach den Forstweg. An einer hohen Steinmännchenpyramide (geradeaus sieht man Dächer) biegen Sie nach rechts auf den Forstweg und gelangen nach einigen Minuten auf das Asphaltband und zum Ausgangspunkt.

12. Kurzwanderung: Zum Mirador El Time

➢ **Gehzeit 1,5-2 Stunden, +/- 200 m, fast ein Spaziergang**
Gemächliche, schöne Wald- und Aussichtswanderung, das Ziel, der Mirador El Time (nicht zu verwechseln mit dem gleichnamigen Aussichtspunkt an der Landstraße), liegt am Calderarand und bietet großartige Blicke in die Caldera und über den gesamten Süden.

➢ **Ausgangspunkt**: Ende des Asphaltbandes 200 m neben einem Wassertank. Sie folgen dem Forstweg in Serpentinen hinauf. Wer mag, biegt auf einen mit Steinmännchen gekennzeichneten, schmalen Waldweg, der geradeaus steil hinauf führt und im weiteren Verlauf mehrfach den Forstweg quert. Forst- wie Waldweg münden auf einen in Nord-Südrichtung verlaufenden breiteren Forstweg, dem Sie nach rechts folgen (Ausschilderung Mirador El Time). Er führt immer geradeaus zu einem schon von weitem erkennbaren Feuerwachtturm (in den Sommermonaten 24 Stunden besetzt) am Calderarand, dem Mirador El Time. Zurück geht es auf demselben Weg.

➢ **Varianten zu 12 und 13**: Falls Sie in einer Gruppe wandern, in der ein Teil gemächliche, der andere aber anspruchsvolle Wege liebt, bietet sich folgende Variante an: Die Wanderfans gehen nach dem ersten Aufstieg mit → **Wanderung 13** weiter, die anderen biegen in den Verlauf der → **Kurzwanderung 12** ein. Man trifft sich am Mirador del Time und nimmt gemeinsam den Rückweg, wie in → **Rundwanderung 13** beschrieben.

Etwas Spanisch für unterwegs

guten Morgen	buenos días
guten Tag	buenas tardes
hallo	hola
auf Wiedersehen	adiós
nach...	hacia
links	izquierda
rechts	derecha
geradeaus	todo derecho
hier	aquí
dort	allí, ahí
Adresse	dirección
Ist es weit?	está lejos?
Haltestelle	parada
Fahrkarte	bono/billete/tiquete
hin und zurück	ida y vuelta
Abfahrt	salida
Ankunft	llegada
Um wie viel Uhr?	a qué hora?
Schlucht	barranco
Grube	hoya
Felsen	roque
Berg	montaña

13. Rundwanderung: Zur Hoya Grande und zum Torre El Time

➢ **12 km, 4 Stunden, +/- 500 m**

Mittelschwere, anspruchsvolle Wanderung, im ersten Teil anstrengende Aufstiege, dann folgt ein Stück am Calderarand entlang nach unten. Wer keine Blicke in die Tiefe verträgt, sollte einen anderen Weg wählen. Herrliche Wanderung mit tollen Ausblicken. Der letzte Teil führt auf romantischem Weg an verlassenen Gehöften und Gärten vorbei zum Ausgangspunkt zurück. Tragen Sie bitte Wanderstiefel.

➢ **Ausgangspunkt** → **Kurzwanderung 12**. Sie gehen zunächst wie bei → **Kurzwanderung 12** bis zum quer verlaufenden oberen Forstweg, biegen dort aber nicht ein, sondern nehmen die Verlängerung des Pfades nach oben, von der Forstwegeinmündung leicht links versetzt. Steil geht es 45 Min. nach oben, aber Luft und Landschaft – zunächst noch kleine Obstbaumterrassen, dann Pinienwald – sind herrlich. Bei Hoya Grande trifft der Pfad auf den Wanderweg am Calderarand "Roque Los Muchachos – Torre del Time", den Sie nach einer Verschnaufpause nach rechts unten nehmen. 30 Min. geht es jetzt auf dem felsigen Pfad abwärts, dann ist der Forstweg zum Mirador El Time erreicht, wenige Meter sind es noch nach links, und Sie stehen am Aussichtsplatz mit Feuerwachtturm. Wenn die Füße schmerzen, kann man auf einfachem, kurzem Weg mit → **Kurzwanderung 12** zurück zum Ausgangspunkt gehen, schöner ist aber folgende **Variante**: Sie gehen ein Stück zurück auf dem Forstweg und nehmen einen mit Stein markierten Pfad nach unten. Nach etwa 5 Min. zweigt rechts der Camino La Traviesa ab (bei der letzten Recherche war das Holzschild heruntergefallen), in den Sie einbiegen. Der alte Verbindungsweg schlängelt sich durch lichten Pinienwald, nach 5 Min. lohnt sich ein kurzer Abstecher nach rechts zur "Sabina Canaria", einem alten Wacholderbaum. Zurück auf dem Camino, verbleiben noch 10 Min. auf dem alten Pfad, dann wird er zum Fahrweg, den wir aber bald wieder in den links abzweigenden Camino La Traviesa (Schild) verlassen. Er schlängelt sich in einen Barranco und führt auf der anderen Seite wieder hinauf. Es geht weiter am Hang entlang nach oben (nicht abbiegen), dann werden zwei weitere Barrancos durchschritten. Von diesem Weg zweigt bald nach Verlassen des dritten Barrancos ein Weg nach rechts oben ab, den Sie nehmen. Er führt an verlassenen Gehöften und verwilderten Gärten vorbei, im Frühjahr und Frühsommer grünt und blüht es herrlich. Nach einer Stunde ab Feuerwachtturm erreichen Sie das Asphaltband. Rechts, links oder geradeaus – alle Wege führen zum Ausgangspunkt – der schmalere Weg geradeaus ist aber der hübscheste. Sie erreichen nach 800 m Cruz de Llano und sind bald darauf an Ihrem Wagen.

▲▲▲ Hibiskus　▲▲▲ Opuntienblüten　▲▲▲▲ Bejeque (Wurz)　▲▲▲ Bananenstaude
▲ Lechugilla　▲ Feigenkaktus　▲▲ Bananenblätter　▲ Candelaria

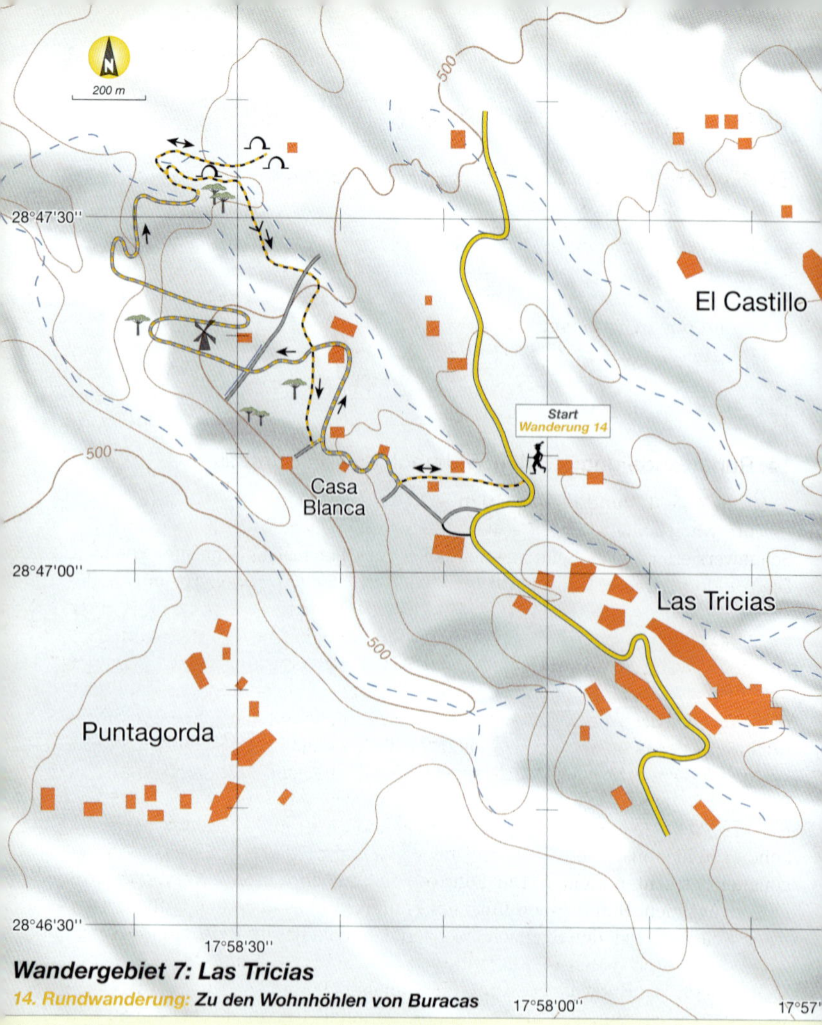

Wandergebiet 7: Las Tricias

14. Rundwanderung: Zu den Wohnhöhlen von Buracas

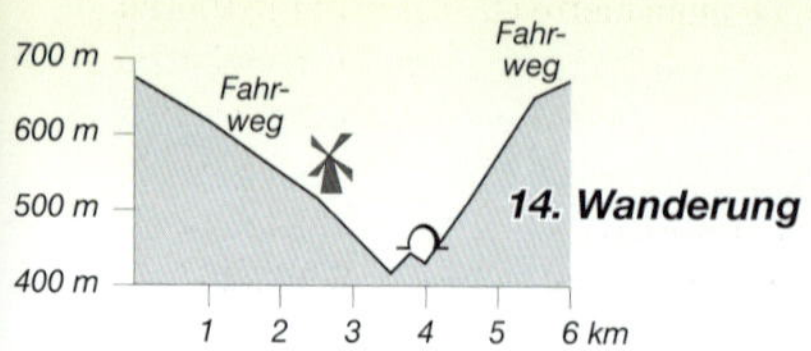

Wandergebiet 7: Las Tricias

Ein Wandergebiet mit der schönsten Rundwanderung der Insel beginnt unterhalb von Las Tricias.

➢ **Einkehrmöglichkeiten**: In dieser Gegend haben sich deutsche und spanische Naturfreunde angesiedelt, die am Wegrand (zumindest zeitweise) frisch gepressten Saft und in einem Minirestaurant Pizza anbieten. Bars und Restaurants in Puntagorda.
➢ **Anfahrt und Ausgangspunkt**: Nur im Pkw möglich. An der Landstraße unterhalb von Las Tricias zweigt, nachdem Sie zwei direkt gegenüberliegende alte Häuser und eine Rechtskurve passiert haben, in der nächsten Linkskurve nach links ein Weg ab, dort können Sie parken.

14. Rundwanderung: Zu den Wohnhöhlen von Buracas

➢ **6 km, 2,5 – 3 Stunden, +/- 300 m**
Leichte Wanderung, aber auf teilweise felsigem, steilem Weg, deshalb ist festes Schuhwerk erforderlich. Beim Aufstieg kann man schon mal ins Schnaufen kommen. Die Wanderung bietet landschaftliche, botanische (Sie sehen viele Exemplare des seltenen Drachenbaums) und archäologische Höhepunkte. Start: Sie nehmen den o. g. Weg, nach wenigen Minuten stößt er auf einen Fahrweg, auf den Sie nach rechts einbiegen. An einem Gehöft (manchmal mit Mandelverkauf) vorbei, passieren Sie die direkt am Barrancorand gelegene Casa Blanca. Sie bleiben immer auf dem Fahrweg (den schmalen Pfad, der mehrfach den Fahrweg quert, nehmen Sie als Rückweg), der in weiten Kurven hinunterführt. Einmal durchschneidet ihn ein weiterer Fahrweg. Dort halten Sie sich kurz nach links und dann nach rechts, Ihr Weg führt unterhalb an der Mühle vorbei, die Sie schon von weitem gesehen haben und eröffnet bald darauf einen weiten Blick auf die grüne Küste und das Meer. Schon von hier aus sehen Sie einen Drachenbaumhain, den Sie auf dem Rückweg genauer betrachten können. Der Fahrweg endet nach weiteren Kurven an zwei Drachenbäumen. Hinter ihnen führt ein Pfad nach links oben und trifft dort auf einen weiteren Pfad, den Sie nach links nehmen. Bald darauf weist ein Holzschild an einer Zisterne rechts in den Barranco El Corchete mit der Quelle und den Wohnhöhlen von Buracas. Die ersten Wohnhöhlen befinden sich bald rechts am Weg, sie werden zum Teil als Lagerräume genutzt. Der Pfad führt Sie zu den Haupthöhlen. Rechts am Weg befindet sich eine ummauerte Quelle. In der mittleren Höhle finden Sie einen gepflasterten Steinkreis, einen Tagoror, einen Versammlungsplatz der Ureinwohner. Felszeichnungen der Altkanaren entdecken Sie an den Basaltwänden am Steig oberhalb des Versammlungsplatzes. Zurück gehen Sie, wie Sie gekommen sind, aus der Schlucht, nehmen den Pfad nach links und bleiben jetzt darauf. Er führt Sie zum Drachenbaumhain und steil hinauf in eine Schlucht, die grün ist von Terrassenfeldern und weiteren Drachenbäumen. Dies ist einer der schönsten Abschnitte der Wanderung. Im weiteren Verlauf bleiben Sie immer auf dem Pfad, er wird zweimal von Fahrwegen durchschnitten, den Anschluss finden Sie aber leicht. Bevor Sie kurz vor dem Abschluss der Wanderung auf den Fahrweg treffen, gehen Sie an einem der größten und schönsten Drachenbäume La Palmas vorbei. Der Pfad endet unweit der Casa Blanca in der Nähe ihres Ausgangspunktes.

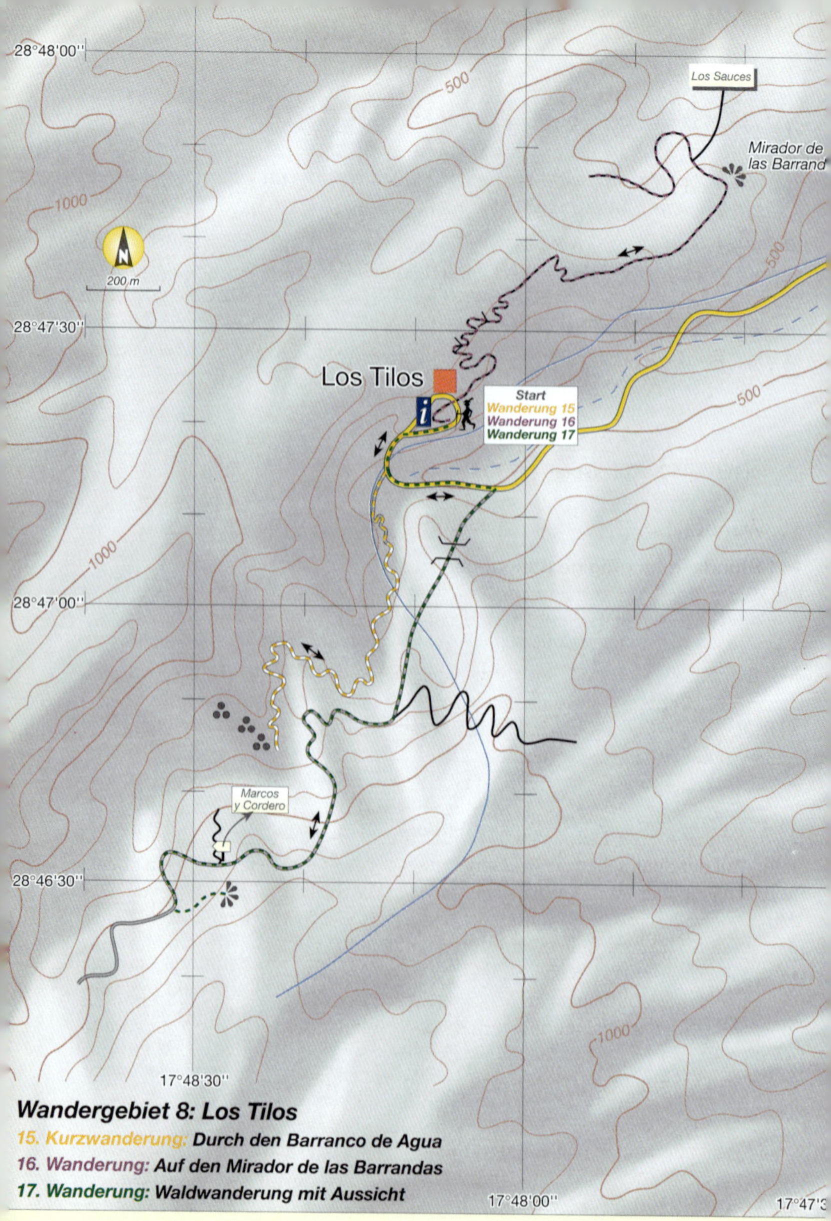

Wandergebiet 8: Los Tilos

15. Kurzwanderung: Durch den Barranco de Agua

16. Wanderung: Auf den Mirador de las Barrandas

17. Wanderung: Waldwanderung mit Aussicht

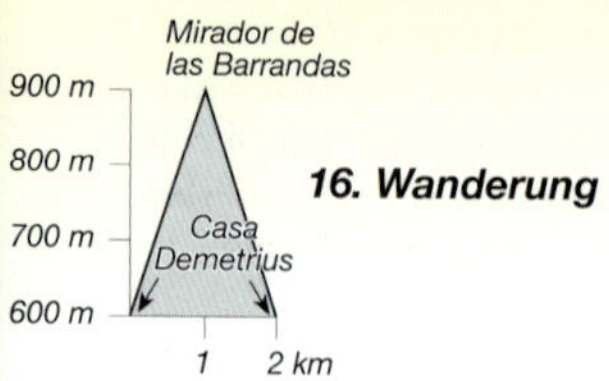

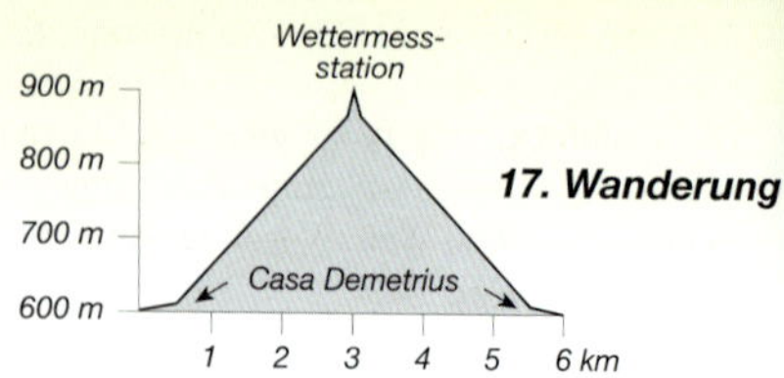

Wandergebiet 8: Los Tilos

Der Lorbeerwald von Los Tilos ist als Biosphärenreservat besonders geschützt → Orte und Sehenswürdigkeiten 13. Er bietet mehrere einfache Wanderungen, die hier beschrieben sind. Die großen, sehr anspruchsvollen Tagestouren zu den Wasserquellen Marcos und Corderos sind nur für Wanderprofis geeignet. Wir stellen sie in unserem Reisehandbuch La Palma vor.

➢ **Einkehrmöglichkeiten**: Restaurant Casa Demetrius am Parkplatz in Los Tilos.
➢ **Anfahrt**: Mit dem Pkw von der Landstraße Barlovento – Santa Cruz südlich von Los Sauces im Barranco de Agua auf die ausgeschilderte asphaltierte Zufahrt einbiegen. Mit dem Bus Linie 11 an o. g. Zufahrt aussteigen, dann sind es aber noch 2,5 km bis zum Ausgangspunkt der Wanderungen.

15. Wanderung: Durch den Barranco de Agua

➢ **1 Stunde, geringfügige Steigungen**
Ein kurzer Weg, aber kein Spaziergang, denn es geht durch ein felsiges Bachbett, und es werden zwei manchmal glitschige Felsabsätze überklettert. Wenn Sie sich dort nicht sicher fühlen, kehren Sie um, der Ausflug lohnt sich auch so. Ein Hauch von Abenteuer weht durch die nur wenige Meter breite Schlucht. Wanderstiefel, zumindest aber Sportschuhe mit gutem Profil sind wegen der Kraxeleien notwendig. Wer fotografieren möchte, sollte an lichtempfindliche Filme denken, denn unter dem Farndach ist es relativ dunkel.
➢ **Ausgangspunkt**: Die Wanderung beginnt am Parkplatz von Los Tilos bei dem Restaurant. Vom Parkplatz gehen Sie 30 m auf der Straße zurück. In einer Linkskurve geht es vor der Leitplanke über Natursteinstufen in Richtung Barranco hinunter. Auf der Spur neben der Wasserleitung wird nach wenigen Metern ein offener Tank erreicht, hier führt eine Trittspur hinab in die Schlucht. Unten angekommen, sollten Sie sich diese Stelle gut einprägen, damit Sie sie auf dem Rückweg nicht verpassen. Sie wenden sich nach rechts und gehen jetzt nur noch auf dem Grund der Schlucht entlang. 30 Min. später und nach Überwindung von zwei Felsabsätzen erreichen Sie den Endpunkt der Wanderung, eine Felswand, vor der Wanderer eine Steinmännchenversammlung aufgetürmt haben. Auf demselben Weg geht es zurück.

16. Wanderung: Auf den Mirador de las Barrandas

➢ **2 km, 1 Stunde, +/- 300 m**
Steiler, anstrengender Weg auf den Aussichtspunkt de las Barrandas. Keine besonderen Anforderungen. Von oben haben Sie einen weiten Blick auf die dicht bewaldeten Berge und Schluchten und nach Osten über Los Sauces zum Meer.
➢ **Ausgangspunkt**: Siehe → **Wanderung 15**. Zunächst geht es zum Informationszentrum. Hinter dem Haus steigt der Pfad in den Wald hinauf, bei der ersten Abzweigung geht es nach links oben. In vielen Kehren windet sich der Weg hinauf. Oben erwartet Sie ein Picknickplatz mit einem tollen Panoramablick. Zurück geht es auf demselben Weg. Wer mag, kann über eine breite Forstpiste auch nach Los Sauces hinuntergehen.

17. Wanderung: Waldwanderung mit Aussicht

➢ **6 km, 2 Stunden, +/- 300 m**
Diese Wanderung ist eher ein Spaziergang, nur die ständige Steigung macht sie etwas anstrengend. Der Weg führt über eine breite Forstpiste und stellt keine besonderen Anforderungen.
➢ **Ausgangspunkt**: Diese Wanderung beginnt ebenfalls am Parkplatz beim Restaurant. Sie können aber auch direkt am Beginn der Forstpiste parken. Vom Parkplatz gehen Sie 500 m auf der Straße zurück, um rechts in eine breite Forstpiste einzubiegen, an deren Anfang ein großes Holzschild auf den Naturpark hinweist. Sie folgen jetzt nur noch dem Waldweg, der gleich am Anfang durch einen unbeleuchteten Tunnel führt, eine Taschenlampe ist aber nicht erforderlich. Nach einer guten Stunde – auf einem Buckel lichtet sich jetzt der Wald – biegt links im spitzen Winkel ein kleiner Pfad, eher eine Natursteintreppe, nach oben ab. Hier geht es hinauf zu einem Aussichtsplatz mit Wettermessstation, von dem Sie einen grandiosen Rundblick haben, wenn nicht gerade die Nebel wabern. Zurück auf demselben Weg. Wenn Sie noch etwas wandern möchten, gehen Sie den Forstweg weiter hinauf. Die Brücke, die Sie zwischen Aussichtsplatz und Pistenende sehen, führt nicht zurück, sondern weiter nach oben.

Wandergebiet 9: Cubo de la Galga

Weniger bekannt und weniger begangen als die Touren von Los Tilos sind die Wanderwege durch den Lorbeerwald rund um den Cubo (Talschluss) und die Schlucht La Galga. Ihr Name bedeutet nicht etwa Galgen, sondern schmale Felswand.

➢ **Einkehrmöglichkeiten**: Restaurant Asterio an der Landstraße nach Puntallana.
➢ **Anfahrt**: Landstraße Santa Cruz – Barlovento auf Höhe von La Galga. Mit Bus Linie 11 Santa Cruz – Barlovento zu erreichen.

18. Spaziergang in der Schlucht

➢ **6 km, 1,5 Stunden, +/- 100 m**
Einfacher, schöner Weg, die Schlucht hinauf und wieder hinunter.
➢ **Ausgangspunkt**: An der Landstraße, nördlich von La Galga, vor dem Tunnelausgang, dort parken. Vor dem Tunnel biegt ein Weg auf den Schluchtgrund. Unten angekommen gehen Sie die Schlucht hinauf, die im weiteren Verlauf immer grüner wird, unterqueren einen Aquädukt und im oberen Verlauf mehrfach das Bachbett. Nach 40 Min. auf diesem Weg biegt in einer Kurve, nachdem Sie das Bachbett überquert haben, ein Weg nach links ab, es geht aber auf dem Hauptweg geradeaus. Nach 2 Min. biegt ein weiterer Weg nach links ab, er ist mit einem Metallkreuz versperrt. Wenn Sie einen der typisch palmerischen Wasserstollen kennen lernen wollen, machen Sie hier einen Abstecher (15 Min. zusätzlich).

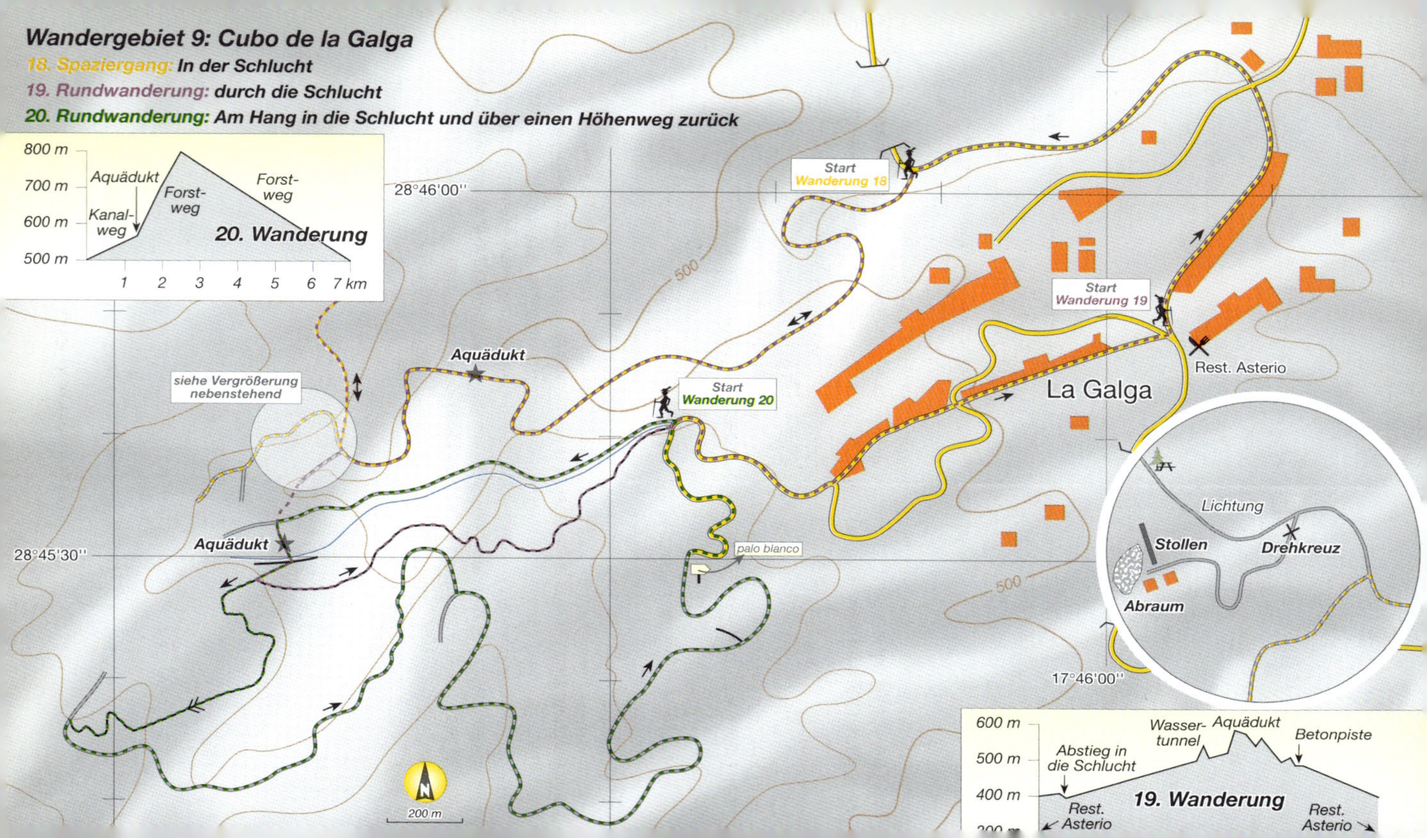

Wandergebiet 9: Cubo de la Galga
18. Spaziergang: In der Schlucht
19. Rundwanderung: durch die Schlucht
20. Rundwanderung: Am Hang in die Schlucht und über einen Höhenweg zurück
800 m
700 m
600 m
500 m
Aquädukt
Kanal-weg
Forst-weg
Forst-weg
20. Wanderung
1 2 3 4 5 6 7 km
28°46'00''
28°45'30''
17°46'00''
500
Start Wanderung 18
Start Wanderung 19
Start Wanderung 20
Rest. Asterio
La Galga
Aquädukt
Aquädukt
siehe Vergrößerung nebenstehend
palo blanco
200 m
Lichtung
Stollen
Drehkreuz
Abraum
600 m
500 m
400 m
Abstieg in die Schlucht
Wasser-tunnel
Aquädukt
Betonpiste
19. Wanderung
Rest. Asterio
Rest. Asterio

➢ **Abstecher**: Nach 5 Min. erreichen Sie zwei Häuschen, rechts davon führt ein Stollen in den Berg. Ein Lichtschimmer zeigt an, daß Sie ihm ca. 100 m auch ohne Taschenlampe folgen können. Dort öffnet sich der Stollen, und Sie können nach links in eine Nebenschlucht schauen. Der weitere Stollen ist versperrt. Zurück auf dem Hauptweg, erreichen Sie nach wenigen Minuten eine Lichtung mit einem rostigen Metallgerüst. Ein schönerer Rastplatz liegt aber einige hundert Meter weiter: eine Wiese neben einem Felsüberhang. Zurück auf demselben Weg.

19. Wanderung: Rundwanderung durch die Schlucht

➢ **9 km, 2,5-3 Stunden, +/- 350 m**
Im ersten Teil bequemer Spaziergang, dann folgt eine anspruchsvolle Wegstrecke, ein spannender, stark verwachsener Urwaldpfad (mit einfacherer **Variante**). Über eine alte Dorfstraße geht es zurück zum Ausgangspunkt. Wanderstiefel, lange Hosen und ein Stock (stachlige Brombeerranken) sind ratsam. Für alle Fälle sollten Sie einen Anorak dabei haben, in dieser Zone regnet es häufiger als anderswo. Bei Regen den Urwaldpfad nicht begehen!
➢ **Ausgangspunkt**: Parkplatz am Restaurant Asterio zwischen Puntallana und Los Sauces. Sie gehen zunächst 1 km auf der Landstraße (wenig Verkehr) in Richtung Los Sauces. Vor einem Tunnel biegt ein Weg nach unten auf den Schluchtgrund, jetzt gehen Sie mit dem oben beschriebenen → **Spaziergang** die Schlucht hinauf bis zum Rastplatz. Wanderzeit 1 Stunde ohne Abstecher. Sie gehen den Weg zurück bis zum jetzt zweiten Nebenweg, dem Sie nach rechts folgen, er wird bald sehr schmal und verwachsen. Nach wenigen hundert Metern sehen Sie links oben eine Wasserleitung, sie führt in einer Kurve über einen Aquädukt. Jetzt haben Sie **zwei Möglichkeiten**, **A** ist abenteuerlicher, nicht gefährlich, aber dennoch sollten Sie nicht allein gehen, denn im Notfall vermutet Sie dort niemand; **B** ist einfacher und ebenfalls schön.
➢ **Variante A**: Sie gehen zum Aquädukt hoch, schreiten durch seinen Torbogen und folgen einer Trittspur in ein Farnfeld hinauf. Nach ca. 200 m gabelt sich die Trittspur, Sie nehmen die linke Variante. Diesem schmalen, teilweise stark verwachsenen Pfad folgen Sie 45 Min. Es geht hinauf und hinunter, so manches Mal müssen Brombeerranken beiseite geschoben werden, dann erreichen Sie den Pfad der **Variante B**. Sie gehen ihn nach rechts, er führt auf eine Betonpiste, der Sie nach links unten folgen. Bald wird sie zum Asphaltband, und die ersten Häuser von La Galga sind erreicht. Nach einer weiten Linkskurve zweigt die alte Dorfstraße nach unten ab. Sie bringt Sie an gepflegten Höfen und Gärten vorbei – in 30 Min. ab Betonpiste – zum Ausgangspunkt.
➢ **Variante B**: Einfacher und ebenfalls sehr schöner Weg am Hang. Sie gehen nicht zum Aquädukt, sondern nach links oben zur Wasserleitung. An ihr verläuft ein schmaler, aber gut begehbarer Pfad aus der Schlucht heraus in 30 Min. zur Betonpiste, weiter siehe oben.

20. Rundwanderung: Am Hang in die Schlucht und über einen Höhenweg zurück

➢ **7 km, 2 Stunden, +/- 300 m**
Zunächst einfacher Pfad durch den Lorbeerwald, dann ein steiles, abenteuerliches Teilstück. Weiter geht es auf einem bequemen Forstweg, von dem Sie weite Blicke über die Lorbeerwaldhänge und die Nordostküste haben.

➢ **Anfahrt und Ausgangspunkt**: Am Restaurant Asterio → **Wanderung 19** biegt eine Aspaltstraße von der Landstraße nach oben ab, die Sie hinauffahren. Nach 2 km wird sie zur Betonpiste, und wenige hundert Meter weiter biegt an einem Schild "Cubo de la Galga" ein Weg in den Wald. Hier parken Sie. Der Weg führt Sie an einer Wasserleitung entlang in den Wald. Nach 30 Min. verlassen Sie vor einer Kurve mit Aquädukt den Weg, gehen durch den Bogen des Aquädukts und folgen der Trittspur in ein Farnfeld hinauf. Kurz darauf gabelt sich die Trittspur, Sie halten sich rechts (links → **Wanderung 19**). Der Pfad ist arg verwachsen, steil und ein richtiges Abenteuer, ein Stock tut gute Dienste. Manchmal scheint man eine Machete zu benötigen, dennoch ist die Trittspur am Boden zu erkennen. Man überquert mehrfach einen Barranco, dann mündet die Trittspur nach 30 Min. auf einen Forstweg, den Sie nach links oben nehmen. Nach 20 Min. auf dem Forstweg haben Sie einen herrlich freien Blick auf die umliegenden, dicht bewaldeten Berge und zur Küste. Der Forstweg mündet nach wiederum 20 Min. in einen weiteren Forstweg, in den Sie links einbiegen. Er wird in weiteren 20 Min. zur Betonpiste, und bald darauf erreichen Sie den Ausgangspunkt.

Wanderer auf dem Birigoyo

Mit GPS unterwegs

Nach halb rechts in den schmalen, etwas zugewachsenen Pfad oder doch weiter geradeaus auf dem komfortablen Weg? Ein kurzer Blick auf die Karte, dann beginnende Ratlosigkeit, denn Gelände und Karte stimmen leider nicht überein – der Pfad ist schlicht nicht eingezeichnet. Wanderer kennen das Problem, aber auch Kartografen haben oft ihre liebe Mühe, solide Wanderskizzen auf der Grundlage bereits bestehenden Kartenmaterials zu entwickeln. Glücklicherweise sorgt die moderne Technik seit einiger Zeit für Abhilfe. Das Zauberwort heißt **GPS – "Global Positioning System"**, oder zu Deutsch: "System zur weltweiten Standortbestimmung".

Die "Wunderwaffe" ist ein Kind des US-Verteidigungsministeriums, das ursprünglich für militärische Zwecke konzipiert wurde. Mittlerweile kann es aber auch für zivile Anwendungen genutzt werden. Das Ganze funktioniert so: Ein kleines batteriebetriebenes Digitalgerät – etwa in der Größe eines Handys – empfängt **Signale von mehreren Navigationssatelliten** und errechnet daraus an jedem beliebigen Punkt der Erde eine genaue Standortbestimmung inklusive Höhenmeter über dem Meer. Der Nutzen für die Anfertigung der Wanderkarte: Der Tourenbeschreiber kann jeden Positionswechsel mit seinem GPS-Gerät genau lokalisieren (nach geografischen Längen- und Breitengraden) und dem Kartografen die entsprechenden Daten an die Hand geben. Geht er z. B. nach halb rechts in den oben angesprochenen zugewachsenen Pfad, der in keiner auf dem Markt befindlichen Karte berücksichtigt ist, kann der Kartograf seine Wanderskizze entsprechend gestalten. Nach und nach entsteht so ein engmaschiges Raster, das den tatsächlichen Tourenverlauf punktgenau und verlässlich widerspiegelt.

Wer mithilfe der GPS-Technik kartografierte Wanderung absolviert, wird in der Regel **keine Orientierungsprobleme** mehr haben. Doch GPS ist natürlich weit mehr als ein innovatives Arbeitsinstrument für die Kartografie. Wanderer können ein entsprechendes Gerät kaufen – derzeit ab etwa 400 DM – und es auf der Tour als Kontrollinstrument verwenden: An jedem beliebigen Punkt der Route spuckt der Apparat Daten aus, die mit dem auf der Karte angegebenen Routenverlauf abgeglichen werden können. Umherirren und Rätselraten gehören damit wirklich der Vergangenheit an.

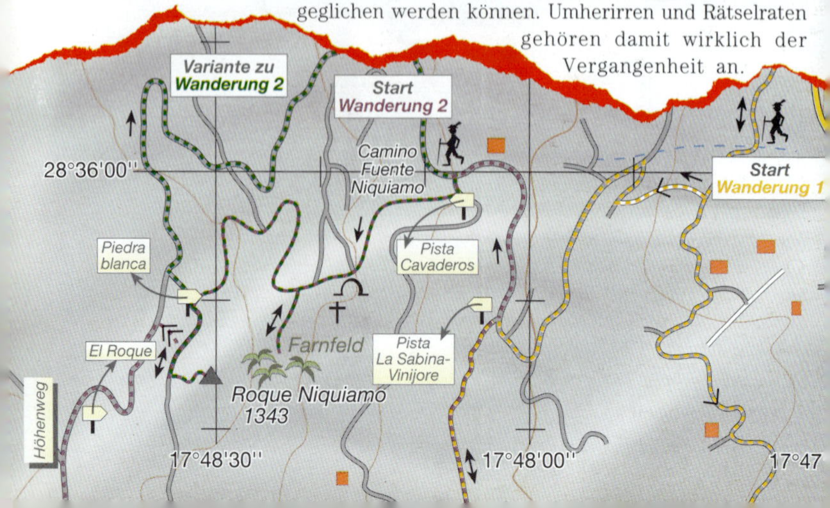